小学校学習指導要領(平成29年告示)解説

生活編

平成29年7月

文部科学省

ま え が き

　文部科学省では，平成29年3月31日に学校教育法施行規則の一部改正と小学校学習指導要領の改訂を行った。新小学校学習指導要領等は平成32年度から全面的に実施することとし，平成30年度から一部を移行措置として先行して実施することとしている。

　今回の改訂は，平成28年12月の中央教育審議会答申を踏まえ，

① 　教育基本法，学校教育法などを踏まえ，これまでの我が国の学校教育の実績や蓄積を生かし，子供たちが未来社会を切り拓くための資質・能力を一層確実に育成することを目指すこと。その際，子供たちに求められる資質・能力とは何かを社会と共有し，連携する「社会に開かれた教育課程」を重視すること。

② 　知識及び技能の習得と思考力，判断力，表現力等の育成のバランスを重視する平成20年改訂の学習指導要領の枠組みや教育内容を維持した上で，知識の理解の質を更に高め，確かな学力を育成すること。

③ 　先行する特別教科化など道徳教育の充実や体験活動の重視，体育・健康に関する指導の充実により，豊かな心や健やかな体を育成すること。

を基本的なねらいとして行った。

　本書は，大綱的な基準である学習指導要領の記述の意味や解釈などの詳細について説明するために，文部科学省が作成するものであり，小学校学習指導要領第2章第5節「生活」について，その改善の趣旨や内容を解説している。

　各学校においては，本書を御活用いただき，学習指導要領等についての理解を深め，創意工夫を生かした特色ある教育課程を編成・実施されるようお願いしたい。

　むすびに，本書「小学校学習指導要領解説生活編」の作成に御協力くださった各位に対し，心から感謝の意を表する次第である。

　平成29年7月

　　　　　　　　　　　　　　　　文部科学省初等中等教育局長

　　　　　　　　　　　　　　　　　　　　　　髙橋　道和

目次

● 第1章　総　説 ……………………………………………　1
　　1　改訂の経緯及び基本方針 ………………………　1
　　　⑴　改訂の経緯
　　　⑵　改訂の基本方針
　　2　生活科改訂の趣旨及び要点 …………………　5
　　　⑴　改訂の趣旨
　　　⑵　改訂の要点

● 第2章　生活科の目標 ……………………………………　8
　● 第1節　教科目標 …………………………………………　8
　　1　教科目標の構成 ………………………………………　8
　　2　教科目標の趣旨 ……………………………………　10
　　　⑴　具体的な活動や体験を通すこと
　　　⑵　身近な生活に関わる見方・考え方を生かすこと
　　　⑶　自立し生活を豊かにしていくこと
　　3　資質・能力の三つの柱としての目標の趣旨 …　12
　　　⑴　「知識及び技能の基礎」に関する目標
　　　⑵　「思考力，判断力，表現力等の基礎」に関する目標
　　　⑶　「学びに向かう力，人間性等」に関する目標
　● 第2節　学年の目標 …………………………………………　17
　　1　学年の目標の設定 ……………………………………　17
　　　⑴　教科目標や内容との関係
　　　⑵　学年の目標の構成
　　　⑶　2学年間を見通した目標の設定
　　2　学年の目標の趣旨 …………………………………　19

● 第3章　生活科の内容 …………………………………………　23
　● 第1節　内容構成の考え方 …………………………………　23

1　内容構成の具体的な視点 …………………… 23

　　　2　内容を構成する具体的な学習活動や学習対象 24

　　　3　内容の構成要素と階層性 ………………… 24

　　　　⑴　各内容の構成要素

　　　　⑵　内容の階層性

　●　第2節　生活科の内容 ……………………… 29

●　第4章　指導計画の作成と内容の取扱い …………… 52

　　　1　指導計画作成上の配慮事項 ……………… 52

　　　2　内容の取扱いについての配慮事項 ……… 67

●　第5章　指導計画の作成と学習指導 ……………… 73

　●　第1節　生活科における指導計画と学習指導の基本的な考え方 73

　　　1　カリキュラム・マネジメントを意識した指導計画の作成 73

　　　2　学習指導の特質 ………………………… 74

　●　第2節　生活科における年間指導計画の作成 ……… 78

　　　1　児童一人一人の実態に配慮すること ………… 78

　　　2　児童の生活圏である地域の環境を生かすこと 79

　　　3　各教科等との関わりを見通すこと ………… 81

　　　4　幼児期の教育や中学年以降の学習との関わりを見通すこと 82

　　　5　学校内外の教育資源の活用を図ること ……… 84

　　　6　活動や体験に合わせて授業時数を適切に割り振ること 85

　●　第3節　単元計画の作成 …………………… 87

　　　1　内容の組合せ …………………………… 87

　　　2　単元の構想と単元計画の作成 …………… 88

　　　3　生活科の学習過程 ……………………… 90

　　　4　低学年特有の発達・成長への配慮 ………… 91

　　　5　学習評価の在り方 ……………………… 92

● 第4節　学習指導の進め方 ……………………………… 94

　　　　1　試行錯誤や繰り返す活動を設定する ………… 95

　　　　2　伝え合い交流する場を工夫する ……………… 96

　　　　3　振り返り表現する機会を設ける ……………… 97

　　　　4　児童の多様性を生かし，学びをより豊かにする　98

● 付　録

　● 付録1：学校教育法施行規則（抄）

　● 付録2：小学校学習指導要領　第1章　総則

　● 付録3：小学校学習指導要領　第2章　第5節　生活

　● 付録4：小学校学習指導要領　第3章　特別の教科　道徳

　● 付録5：「道徳の内容」の学年段階・学校段階の一覧表

　● 付録6：幼稚園教育要領

第1章　総　説

● 1　改訂の経緯及び基本方針

(1)　改訂の経緯

　今の子供たちやこれから誕生する子供たちが，成人して社会で活躍する頃には，我が国は厳しい挑戦の時代を迎えていると予想される。生産年齢人口の減少，グローバル化の進展や絶え間ない技術革新等により，社会構造や雇用環境は大きく，また急速に変化しており，予測が困難な時代となっている。また，急激な少子高齢化が進む中で成熟社会を迎えた我が国にあっては，一人一人が持続可能な社会の担い手として，その多様性を原動力とし，質的な豊かさを伴った個人と社会の成長につながる新たな価値を生み出していくことが期待される。

　こうした変化の一つとして，人工知能（ＡＩ）の飛躍的な進化を挙げることができる。人工知能が自ら知識を概念的に理解し，思考し始めているとも言われ，雇用の在り方や学校において獲得する知識の意味にも大きな変化をもたらすのではないかとの予測も示されている。このことは同時に，人工知能がどれだけ進化し思考できるようになったとしても，その思考の目的を与えたり，目的のよさ・正しさ・美しさを判断したりできるのは人間の最も大きな強みであるということの再認識につながっている。

　このような時代にあって，学校教育には，子供たちが様々な変化に積極的に向き合い，他者と協働して課題を解決していくことや，様々な情報を見極め知識の概念的な理解を実現し情報を再構成するなどして新たな価値につなげていくこと，複雑な状況変化の中で目的を再構築することができるようにすることが求められている。

　このことは，本来，我が国の学校教育が大切にしてきたことであるものの，教師の世代交代が進むと同時に，学校内における教師の世代間のバランスが変化し，教育に関わる様々な経験や知見をどのように継承していくかが課題となり，また，子供たちを取り巻く環境の変化により学校が抱える課題も複雑化・困難化する中で，これまでどおり学校の工夫だけにその実現を委ねることは困難になってきている。

　こうした状況を踏まえ，平成 26 年 11 月には，文部科学大臣から新しい時代にふさわしい学習指導要領等の在り方について中央教育審議会に諮問を行った。中央教育審議会においては，2 年 1 か月にわたる審議の末，平成 28 年 12 月 21 日に「幼稚園，小学校，中学校，高等学校及び特別支援学校の学習指導要領等の改善及び必要な方策等について（答申）」（以下「中央教育審議会答申」という。）

を示した。

中央教育審議会答申においては，"よりよい学校教育を通じてよりよい社会を創る"という目標を学校と社会が共有し，連携・協働しながら，新しい時代に求められる資質・能力を子供たちに育む「社会に開かれた教育課程」の実現を目指し，学習指導要領等が，学校，家庭，地域の関係者が幅広く共有し活用できる「学びの地図」としての役割を果たすことができるよう，次の6点にわたってその枠組みを改善するとともに，各学校において教育課程を軸に学校教育の改善・充実の好循環を生み出す「カリキュラム・マネジメント」の実現を目指すことなどが求められた。

①「何ができるようになるか」（育成を目指す資質・能力）

②「何を学ぶか」（教科等を学ぶ意義と，教科等間・学校段階間のつながりを踏まえた教育課程の編成）

③「どのように学ぶか」（各教科等の指導計画の作成と実施，学習・指導の改善・充実）

④「子供一人一人の発達をどのように支援するか」（子供の発達を踏まえた指導）

⑤「何が身に付いたか」（学習評価の充実）

⑥「実施するために何が必要か」（学習指導要領等の理念を実現するために必要な方策）

これを踏まえ，平成29年3月31日に学校教育法施行規則を改正するとともに，幼稚園教育要領，小学校学習指導要領及び中学校学習指導要領を公示した。小学校学習指導要領は，平成30年4月1日から第3学年及び第4学年において外国語活動を実施する等の円滑に移行するための措置（移行措置）を実施し，平成32年4月1日から全面実施することとしている。また，中学校学習指導要領は，平成30年4月1日から移行措置を実施し，平成33年4月1日から全面実施することとしている。

(2) 改訂の基本方針

今回の改訂は中央教育審議会答申を踏まえ，次の基本方針に基づき行った。

① 今回の改訂の基本的な考え方

ア　教育基本法，学校教育法などを踏まえ，これまでの我が国の学校教育の実践や蓄積を生かし，子供たちが未来社会を切り拓（ひら）くための資質・能力を一層確実に育成することを目指す。その際，子供たちに求められる資質・能力とは何かを社会と共有し，連携する「社会に開かれた教育課程」を重視すること。

イ　知識及び技能の習得と思考力，判断力，表現力等の育成のバランスを重視する平成20年改訂の学習指導要領の枠組みや教育内容を維持した上で，知識の理解の質を更に高め，確かな学力を育成すること。

ウ　先行する特別教科化など道徳教育の充実や体験活動の重視，体育・健康に関する指導の充実により，豊かな心や健やかな体を育成すること。

②　育成を目指す資質・能力の明確化

中央教育審議会答申においては，予測困難な社会の変化に主体的に関わり，感性を豊かに働かせながら，どのような未来を創っていくのか，どのように社会や人生をよりよいものにしていくのかという目的を自ら考え，自らの可能性を発揮し，よりよい社会と幸福な人生の創り手となる力を身に付けられるようにすることが重要であること，こうした力は全く新しい力ということではなく学校教育が長年その育成を目指してきた「生きる力」であることを改めて捉え直し，学校教育がしっかりとその強みを発揮できるようにしていくことが必要とされた。また，汎用的な能力の育成を重視する世界的な潮流を踏まえつつ，知識及び技能と思考力，判断力，表現力等をバランスよく育成してきた我が国の学校教育の蓄積を生かしていくことが重要とされた。

このため「生きる力」をより具体化し，教育課程全体を通して育成を目指す資質・能力を，ア「何を理解しているか，何ができるか（生きて働く「知識・技能」の習得）」，イ「理解していること・できることをどう使うか（未知の状況にも対応できる「思考力・判断力・表現力等」の育成）」，ウ「どのように社会・世界と関わり，よりよい人生を送るか（学びを人生や社会に生かそうとする「学びに向かう力・人間性等」の涵養）」の三つの柱に整理するとともに，各教科等の目標や内容についても，この三つの柱に基づく再整理を図るよう提言がなされた。

今回の改訂では，知・徳・体にわたる「生きる力」を子供たちに育むために「何のために学ぶのか」という各教科等を学ぶ意義を共有しながら，授業の創意工夫や教科書等の教材の改善を引き出していくことができるようにするため，全ての教科等の目標及び内容を「知識及び技能」，「思考力，判断力，表現力等」，「学びに向かう力，人間性等」の三つの柱で再整理した。

③　「主体的・対話的で深い学び」の実現に向けた授業改善の推進

子供たちが，学習内容を人生や社会の在り方と結び付けて深く理解し，これからの時代に求められる資質・能力を身に付け，生涯にわたって能動的に学び続けることができるようにするためには，これまでの学校教育の蓄積を生か

し，学習の質を一層高める授業改善の取組を活性化していくことが必要であり，我が国の優れた教育実践に見られる普遍的な視点である「主体的・対話的で深い学び」の実現に向けた授業改善（アクティブ・ラーニングの視点に立った授業改善）を推進することが求められる。

今回の改訂では「主体的・対話的で深い学び」の実現に向けた授業改善を進める際の指導上の配慮事項を総則に記載するとともに，各教科等の「第3　指導計画の作成と内容の取扱い」において，単元や題材など内容や時間のまとまりを見通して，その中で育む資質・能力の育成に向けて，「主体的・対話的で深い学び」の実現に向けた授業改善を進めることを示した。

その際，以下の6点に留意して取り組むことが重要である。

ア　児童生徒に求められる資質・能力を育成することを目指した授業改善の取組は，既に小・中学校を中心に多くの実践が積み重ねられており，特に義務教育段階はこれまで地道に取り組まれ蓄積されてきた実践を否定し，全く異なる指導方法を導入しなければならないと捉える必要はないこと。

イ　授業の方法や技術の改善のみを意図するものではなく，児童生徒に目指す資質・能力を育むために「主体的な学び」，「対話的な学び」，「深い学び」の視点で，授業改善を進めるものであること。

ウ　各教科等において通常行われている学習活動（言語活動，観察・実験，問題解決的な学習など）の質を向上させることを主眼とするものであること。

エ　1回1回の授業で全ての学びが実現されるものではなく，単元や題材など内容や時間のまとまりの中で，学習を見通し振り返る場面をどこに設定するか，グループなどで対話する場面をどこに設定するか，児童生徒が考える場面と教師が教える場面をどのように組み立てるかを考え，実現を図っていくものであること。

オ　深い学びの鍵として「見方・考え方」を働かせることが重要になること。各教科等の「見方・考え方」は，「どのような視点で物事を捉え，どのような考え方で思考していくのか」というその教科等ならではの物事を捉える視点や考え方である。各教科等を学ぶ本質的な意義の中核をなすものであり，教科等の学習と社会をつなぐものであることから，児童生徒が学習や人生において「見方・考え方」を自在に働かせることができるようにすることにこそ，教師の専門性が発揮されることが求められること。

カ　基礎的・基本的な知識及び技能の習得に課題がある場合には，その確実な習得を図ることを重視すること。

④ 各学校におけるカリキュラム・マネジメントの推進

　各学校においては，教科等の目標や内容を見通し，特に学習の基盤となる資質・能力（言語能力，情報活用能力（情報モラルを含む。以下同じ。），問題発見・解決能力等）や現代的な諸課題に対応して求められる資質・能力の育成のためには，教科等横断的な学習を充実することや，「主体的・対話的で深い学び」の実現に向けた授業改善を，単元や題材など内容や時間のまとまりを見通して行うことが求められる。これらの取組の実現のためには，学校全体として，児童生徒や学校，地域の実態を適切に把握し，教育内容や時間の配分，必要な人的・物的体制の確保，教育課程の実施状況に基づく改善などを通して，教育活動の質を向上させ，学習の効果の最大化を図るカリキュラム・マネジメントに努めることが求められる。

　このため総則において，「児童や学校，地域の実態を適切に把握し，教育の目的や目標の実現に必要な教育の内容等を教科等横断的な視点で組み立てていくこと，教育課程の実施状況を評価してその改善を図っていくこと，教育課程の実施に必要な人的又は物的な体制を確保するとともにその改善を図っていくことなどを通して，教育課程に基づき組織的かつ計画的に各学校の教育活動の質の向上を図っていくこと（以下「カリキュラム・マネジメント」という。）に努める」ことについて新たに示した。

⑤ 教育内容の主な改善事項

　このほか，言語能力の確実な育成，理数教育の充実，伝統や文化に関する教育の充実，体験活動の充実，外国語教育の充実などについて総則や各教科等において，その特質に応じて内容やその取扱いの充実を図った。

●2　生活科改訂の趣旨及び要点

(1) 改訂の趣旨

　中央教育審議会答申において，学習指導要領等改訂の基本的な方向性が示されるとともに，各教科等における改訂の具体的な方向性も示された。今回の生活科の改訂は，これらを踏まえて行われたものである。

　生活科は，児童の生活圏を学習の対象や場とし，それらと直接関わる活動や体験を重視し，具体的な活動や体験の中で様々な気付きを得て，自立への基礎を養うことをねらいにしてきた。平成20年改訂の学習指導要領では，活動や体験を一層重視するとともに，気付きの質を高めること，幼児期の教育との連携を図ることなどについて充実を図った。

その成果として，各小学校においては，身近な人々，社会及び自然等と直接関わることや気付いたこと・楽しかったことなどを表現する活動を大切にする学習活動が行われており，言葉と体験を重視した改訂の趣旨がおおむね反映されているものと考えることができる。

一方で，更なる充実を図ることが期待されることとして以下の点が示された。

- 活動や体験を行うことで低学年らしい思考や認識を確かに育成し，次の活動へつなげる学習活動を重視すること。「活動あって学びなし」との批判があるように，具体的な活動を通して，どのような思考力等が発揮されるか十分に検討する必要がある。

- 幼児期の教育において育成された資質・能力を存分に発揮し，各教科等で期待される資質・能力を育成する低学年教育として滑らかに連続，発展させること。幼児期に育成された資質・能力と小学校低学年で育成する資質・能力とのつながりを明確にし，そこでの生活科の役割を考える必要がある。

- 幼児期の教育との連携や接続を意識したスタートカリキュラムについて，生活科固有の課題としてではなく，教育課程全体を視野に入れた取組とすること。スタートカリキュラムの具体的な姿を明らかにするとともに，国語科，音楽科，図画工作科などの他教科等との関連についてもカリキュラム・マネジメントの視点から検討し，学校全体で取り組むスタートカリキュラムとする必要がある。

- 社会科や理科，総合的な学習の時間をはじめとする中学年の各教科等への接続を明確にすること。単に中学年の学習内容の前倒しにならないよう留意しつつ，育成を目指す資質・能力や「見方・考え方」のつながりを検討することが必要である。

(2) 改訂の要点

① 改訂の基本的な考え方

- 生活科においては，言葉と体験を重視した前回の改訂の上に，幼児期の教育とのつながりや小学校低学年における各教科等における学習との関係性，中学年以降の学習とのつながりも踏まえ，具体的な活動や体験を通して育成する資質・能力（特に「思考力，判断力，表現力等」）が具体的になるよう見直すこととした。

② 目標の改善

- 具体的な活動や体験を通じて，「身近な生活に関する見方・考え方」を生かし，自立し生活を豊かにしていくための資質・能力を育成することを明確化した。

③　内容構成の改善

・　学習内容を〔学校，家庭及び地域の生活に関する内容〕，〔身近な人々，社会及び自然と関わる活動に関する内容〕，〔自分自身の生活や成長に関する内容〕の三つに整理した。

④　学習内容，学習指導の改善・充実

・　具体的な活動や体験を通じて，どのような「思考力，判断力，表現力等」の育成を目指すのかが具体的になるよう，各内容項目を見直した。

・　具体的な活動や体験を通して気付いたことを基に考え，気付きを確かなものとしたり，新たな気付きを得たりするようにするため，活動や体験を通して気付いたことなどについて多様に表現し考えたり，「見付ける」，「比べる」，「たとえる」，「試す」，「見通す」，「工夫する」などの多様な学習活動を行ったりする活動を重視することとした。

・　動物の飼育や植物の栽培などの活動は２学年間にわたって取り扱い，引き続き重視することとした。

・　各教科等との関連を積極的に図り，低学年教育全体の充実を図り，中学年以降の教育に円滑に移行することを明示した。特に，幼児期における遊びを通した総合的な学びから，各教科等における，より自覚的な学びに円滑に移行できるよう，入学当初において，生活科を中心とした合科的・関連的な指導などの工夫（スタートカリキュラム）を行うことを明示した。

なお，これまでは国語科，音楽科，図画工作科の各教科において，幼児期の教育との接続及び入学当初における生活科を中心としたスタートカリキュラムについて規定していたが，今回の改訂では，低学年の各教科等（国語科，算数科，音楽科，図画工作科，体育科，特別活動）にも同旨を明記したところである。

第2章　生活科の目標

第1節　教科目標

●1　教科目標の構成

　教科の特質や目指すところを端的に示したのが教科目標である。生活科の教科目標は次のとおりである。

　具体的な活動や体験を通して，身近な生活に関わる見方・考え方を生かし，自立し生活を豊かにしていくための資質・能力を次のとおり育成することを目指す。

(1)　活動や体験の過程において，自分自身，身近な人々，社会及び自然の特徴やよさ，それらの関わり等に気付くとともに，生活上必要な習慣や技能を身に付けるようにする。

(2)　身近な人々，社会及び自然を自分との関わりで捉え，自分自身や自分の生活について考え，表現することができるようにする。

(3)　身近な人々，社会及び自然に自ら働きかけ，意欲や自信をもって学んだり生活を豊かにしたりしようとする態度を養う。

　教科目標は，大きく分けて二つの要素で構成されている。

　一つは，生活科の前提となる特質，生活科固有の見方・考え方，生活科における究極的な児童の姿である。もう一つは，(1)，(2)，(3)として示している，生活科を通して育成することを目指す資質・能力である。育成することを目指す資質・能力は，(1)では生活科において育成を目指す「知識及び技能の基礎（生活の中で，豊かな体験を通じて，何を感じたり，何に気付いたり，何が分かったり，何ができるようになったりするか）」を，(2)では「思考力，判断力，表現力等の基礎（生活の中で，気付いたこと，できるようになったことを使って，どう考えたり，試したり，工夫したり，表現したりするか）」を，(3)では「学びに向かう力，人間性等（どのような心情，意欲，態度などを育み，よりよい生活を営むか）」を示している。

　(1)と(2)に示した資質・能力の末尾に「の基礎」とあるのは，幼児期の学びの特性を踏まえ，育成を目指す三つの資質・能力を截然と分けることができないことによる。このことは，生活科が教育課程において，幼児期の教育と小学校教育と

を円滑に接続するという機能をもつことを明示している。

　生活科の目指すところは，教科目標の特定の部分ではなく，全体において示されている。自立し生活を豊かにしていくための資質・能力は，一つ一つの単元や授業などにおいて，総合的に育成されていくものである。このような生活科の教科目標の構成は，下図のように示すことができる。

具体的な活動や体験を通して，身近な生活に関わる見方・考え方を生かし， → **自立し生活を豊かにしていく**

〔育成を目指す資質・能力〕

（1）活動や体験の過程において，自分自身，身近な人々，社会及び自然の特徴やよさ，それらの関わり等に気付くとともに，生活上必要な習慣や技能を身に付けるようにする。（知識及び技能の基礎）

（2）身近な人々，社会及び自然を自分との関わりで捉え，自分自身や自分の生活について考え，表現することができるようにする。（思考力，判断力，表現力等の基礎）

（3）身近な人々，社会及び自然に自ら働きかけ，意欲や自信をもって学んだり生活を豊かにしたりしようとする態度を養う。（学びに向かう力，人間性等）

生活科の教科目標の構成

この生活科の教科目標は，これまでと同様に次の点を背景にしている。

○　児童の生活圏としての学校，家庭，地域を学習の対象や場とし，そこでの児童の生活から学習を出発させ，学習したことが，学校，家庭，地域での児童の生活に生きていくようにする。

○　児童が身近な人々，社会及び自然と直接関わる活動や体験を重視し，児童が自分の思いや願いを生かし，主体的に活動することができるようにするとともに，そうした活動の楽しさや満足感，成就感を実感できるようにする。

○　児童が身近な人々，社会及び自然と直接関わる中で，それらについて気付くことができるようにするとともに，そこに映し出される自分自身や自分の生活について気付くことができるようにする。

　このような生活科の学習を通して，児童が自ら自立し生活を豊かにすることを目指している。

● 2 教科目標の趣旨

> 具体的な活動や体験を通して，身近な生活に関わる見方・考え方を生かし，自立し生活を豊かにしていくための資質・能力を次のとおり育成することを目指す。

⑴ 具体的な活動や体験を通すこと

ここでいう**具体的な活動や体験**とは，例えば，見る，聞く，触れる，作る，探す，育てる，遊ぶなどして対象に直接働きかける学習活動であり，また，そうした活動の楽しさやそこで気付いたことなどを言葉，絵，動作，劇化などの多様な方法によって表現する学習活動である。教科目標の冒頭に**具体的な活動や体験を通して**とあるのは，生活科の学習はそうした活動や体験をすることを前提にしていることを示している。すなわち，生活科は，児童が体全体で身近な環境に直接働きかける創造的な行為が行われるようにすることを重視しているのである。

直接働きかけるということは，児童が身近な人々，社会及び自然に一方的に働きかけるのではなく，それらが児童に働き返してくるという，双方向性のある活動が行われることを意味する。小学校低学年の児童は，その発達の特性から，対象と直接関わり，対象とのやり取りをする中で，資質・能力が育成されることを目的としている。

一方，中央教育審議会答申では，全ての教科等における言語能力の育成についても指摘されている。生活科においては，児童が対象に直接働きかける具体的な活動や体験を通して，対象から様々な情報を取り出し，表現したいという意欲が生まれるようにすることが大切である。したがって，具体的な活動や体験の充実を促すとともに，言葉などによる振り返りや伝え合いの場を適切に設定することも大切である。

⑵ 身近な生活に関わる見方・考え方を生かすこと

目標には，これまでにはなかった見方・考え方という記述が加わっている。ここでいう**見方・考え方**とは，各教科等における学びの過程で「どのような視点で物事を捉え，どのような考え方で思考していくのか」ということであり，各教科等を学ぶ本質的な意義でもある。また，大人になって生活していくに当たっても重要な働きをするものであり，教科等の教育と社会とをつなぐものでもある。

生活科における見方・考え方は，身近な生活に関わる見方・考え方であり，それは身近な人々，社会及び自然を自分との関わりで捉え，よりよい生活に向けて

思いや願いを実現しようとすることであると考えられる。

身近な生活に関わる見方は，身近な生活を捉える視点であり，身近な生活における人々，社会及び自然などの対象と自分がどのように関わっているのかという視点である。また，身近な生活に関わる考え方は，自分の生活において思いや願いを実現していくという学習過程にあり，自分自身や自分の生活について考えていくことである。具体的な活動を行う中で，身近な生活を自分との関わりで捉え，よりよい生活に向けて思いや願いを実現しようとするようになり，そこでは，「思考」や「表現」が一体的に繰り返し行われ，自立し生活を豊かにしていくための資質・能力が育成されることを示している。

なお，**見方・考え方を生かし**とは，生活科の学習過程において，児童自身が既に有している見方・考え方を発揮するということであり，また，その学習過程において，見方・考え方が確かになり，一層活用されることを示している。他教科等と異なり「見方・考え方を働かせ」とせず「生かし」としているのは，幼児期における未分化な学習との接続という観点からである。

⑶　自立し生活を豊かにしていくこと

自立し生活を豊かにしていくことは，生活科における究極的な児童の姿である。創設以来，生活科では学習上の自立，生活上の自立，精神的な自立という三つの自立への基礎を養うことを目指してきた。今回の改訂でも，この理念を受け継いでいる。ここでいう**自立し**とは，一人一人の児童が幼児期の教育で育まれたことを基礎にしながら，将来の自立に向けてその度合を高めていくことを指す。

学習上の自立とは，自分にとって興味・関心があり，価値があると感じられる学習活動を自ら進んで行うことができるということであり，自分の思いや考えなどを適切な方法で表現できるということである。

生活上の自立とは，生活上必要な習慣や技能を身に付けて，身近な人々，社会及び自然と適切に関わることができるようになり，自らよりよい生活を創り出していくことができるということである。

精神的な自立とは，上述したような自立へと向かいながら，自分のよさや可能性に気付き，意欲や自信をもつことによって，現在及び将来における自分自身の在り方を求めていくことができるということである。

生活を豊かにしていくとは，生活科の学びを実生活に生かし，よりよい生活を創造していくことである。それは，実生活において，まだできないことやしたことがないことに自ら取り組み，自分でできることが増えたり活動の範囲が広がったりして自分自身が成長することでもある。ここでいう**豊か**とは，自分の成長とともに周囲との関わりやその多様性が増すことであり，一つ一つの関わりが深

まっていくことである。そして，自分自身や身近な人々，社会及び自然が一層大切な存在になって，日々の生活が楽しく充実したり，夢や希望が膨らんだりすることである。

このような児童の姿の実現に向けて，資質・能力を育成することを示している。

●3 資質・能力の三つの柱としての目標の趣旨

(1) 「知識及び技能の基礎」に関する目標

> (1) 活動や体験の過程において，自分自身，身近な人々，社会及び自然の特徴やよさ，それらの関わり等に気付くとともに，生活上必要な習慣や技能を身に付けるようにする。

教科目標の(1)は，育成を目指す資質・能力の柱のうち「知識及び技能の基礎」に関して示したものである。生活科における「知識及び技能の基礎」としては，活動や体験の過程において，自分自身，身近な人々，社会及び自然やそれらの関わり等についての気付きが生まれることが考えられる。生活科における気付きは，諸感覚を通して自覚された個別の事実であるとともに，それらが相互に関連付けられたり，既存の経験などと組み合わされたりして，各教科等の学習や実生活の中で生きて働くものとなることを目指している。また，このような過程において，生活上必要な習慣や技能も活用されるものとして身に付けることを目指している。

自分自身，身近な人々，社会及び自然の特徴やよさ，それらの関わり等に気付くとは，具体的な活動や体験，伝え合いや振り返りの中で，自分自身，身近な人々，社会及び自然がもっている固有な特徴や本質的な価値，それぞれの関係や関連に気付くことである。ここでいう**身近な人々**とは，家族や友達，近所の人，地域の人などであり日頃から顔を合わせるような人々である。また，遠く離れた場所に住んでいても心的に強くつながっているような人々である。**気付く**とは，児童一人一人に，自分自身，身近な人々，社会及び自然の特徴やよさ，それらの関わり等についての気付きが生まれるということである。

生活科でいう気付きとは，対象に対する一人一人の認識であり，児童の主体的な活動によって生まれるものである。そこには知的な側面だけではなく，情意的な側面も含まれる。自分が「あれっ」「どうして」「なるほど」などのように何らかの心の動きを伴って気付くものであり，一人一人に生まれた気付きは吟味され

たり一般化されたりしていないものの，確かな認識へとつながるものとして重要な役割をもつ。無自覚だった気付きが自覚されたり，一人一人に生まれた個別の気付きが関連付けられたり，対象のみならず自分自身についての気付きが生まれたりすることを，気付きの質が高まったという。気付きは確かな認識へとつながるものであり，知識及び技能の基礎として大切なものである。

生活科は，特に自分自身についての気付きを大切にしている。小学校低学年の児童における自分自身についての気付きとしては，次のようなことが重視される。

第1は，集団生活になじみ，集団における自分の存在に気付くことである。例えば，友達とものづくりをしたのがうまくいって「みんなでやったからできました。わたしもがんばりました。またやってみたいです」ということがある。活動における自己関与意識や成功感，成就感などから，仲間意識や帰属意識が育ち，共によりよい生活ができるようになることである。また，集団の中の自分の存在に気付くだけでなく，友達の存在に気付くことも大切にする。

第2は，自分のよさや得意としていること，また，興味・関心をもっていることなどに気付くことである。例えば，生き物を育てることが得意で，それに興味・関心をもっていること，人や自然に優しくできることなどに気付くことである。そこに個性の伸長・開花の兆しが現れる。また，自分のよさや得意としていることなどに気付くことは，同時に，友達のそれにも気付き，認め合い，そのよさを生かし合って共に生活や学習ができるようになることである。

第3は，自分の心身の成長に気付くことである。例えば，自分が大きくなったこと，できるようになったことや役割が増えたこと，更に成長できることなどに気付くことである。そして，こうした自分の成長の背後には，それを支えてくれた人々がいることが分かり，感謝の気持ちをもつようになること，また，これからの成長への願いをもって，意欲的に生活することができるようになることを大切にする。

生活科は，児童が身近な人々，社会及び自然と直接関わり合う中で，生活上必要な習慣や技能を身に付けることを目指している。教科目標の(1)に「活動や体験の過程において……身に付けるようにする」とあるのは，児童が身近な人々，社会及び自然と直接関わり合う中にその機会があるため，それを捉えて指導するということである。生活科においては，特定の習慣や技能を取り出して指導するのではなく，思いや願いを実現する過程において身に付けていくものである。これによって，習慣や技能を実生活や実社会の中で生きて働くものとすることができる。

ここでの生活上必要な習慣には，健康や安全に関わること，みんなで生活する

ためのきまりに関わること，言葉遣いや身体の振る舞いに関わることなどがある。例えば，次のようなことが考えられる。

- 生活のリズムを整える
- 病気の予防に努める
- 安全への意識を高める
- 道具や用具の準備，片付け，整理整頓ができる
- 遊びのルールを守る
- 施設や公共の場所のルールやマナーを守る
- 時間を守る
- 適切な挨拶や言葉遣いができる
- 訪問や連絡，依頼の仕方を知る　など

また，生活上必要な技能には，手や体を使うこと，様々な道具を使うことなどがある。例えば，次のようなことが考えられる。

- 必要な道具を使って遊んだり，物をつくったりする
- 手や体，道具を使って掃除ができる
- 動物や植物の世話ができる
- 電話や手紙などを使って連絡する　など

なお，習慣と技能とは切り離すことのできない関係にあることを考慮して，これらについては，取り扱う内容の中で，更に具体的に想定し，実践していくことが大切である。このような習慣や技能が身に付いてくることが，児童が自立し生活を豊かにしていくことにつながる。

⑵　「思考力，判断力，表現力等の基礎」に関する目標

> ⑵　身近な人々，社会及び自然を自分との関わりで捉え，自分自身や自分の生活について考え，表現することができるようにする。

　教科目標の⑵は，「思考力，判断力，表現力等の基礎」としての資質・能力に関して示したものである。生活科では，思いや願いの実現に向けて，「何をするか」「どのようにするか」と考え，それを実際に行い，次の活動へと向かっていく。その過程には，様々な思考や判断，表現が存在している。思いや願いを実現する過程において，身近な人々，社会及び自然を自分との関わりで捉え，自分自身や自分の生活について考えたり表現したりすることができるようにすることを

目指している。

身近な人々，社会及び自然を自分との関わりで捉えるとは，身近な人々，社会及び自然などの対象を，自分と切り離すのではなく，自分とどのような関係があるのかを意識しながら，対象のもつ特徴や価値を見いだすことである。児童が具体的な活動や体験を通して対象と関わり，自分と対象との関わりを意識するようになることは，小学校低学年の児童の発達に適しており，将来につながる原体験となるものである。

自分自身や自分の生活について考え，表現するとは，身近な人々，社会及び自然を自分との関わりで捉えることによって，自分自身や自分の生活について考え，それを何らかの方法で表現することである。表現する際には，児童は，相手意識や目的意識に基づいて表現内容や表現方法を考えることになる。また，表現した結果から，考え直したり新たな思いや願いが生まれたりして，前の段階に戻ったり次の段階へ進んだりする。このように生活科では，活動において，思考や表現などが一体的に行われたり繰り返されたりすることが大切である。思いや願いの実現に向けて活動する中で，具体的に考えたり表現したりすることやそれを繰り返すことによって，自分自身や自分の生活について考え，表現することができるようになる。

ここでいう「考える」とは，児童が自分自身や自分の生活について，見付ける，比べる，たとえるなどの学習活動により，分析的に考えることである。また，試す，見通す，工夫するなどの学習活動により，創造的に考えることである。「表現する」とは，気付いたことや考えたこと，楽しかったことなどについて，言葉，絵，動作，劇化などの多様な方法によって，他者と伝え合ったり，振り返ったりすることである。一人一人の気付きなどが表現されることによって確かになり，交流することで共有され，そのことをきっかけとして新たな気付きが生まれたり，様々な気付きが関連付けられたりする。例えば，比べたり分類したりすることによって，ある気付きと別の気付きとの共通点や相違点，それぞれの関係や関連が確認されたときなどに，気付きの質が高まったということができる。自分自身や自分の生活について考え，表現することにより，気付きの質が高まり，対象が意味付けられたり価値付けられたりするならば，身近な人々，社会及び自然は自分にとって一層大切な存在になってくる。このような「深い学び」の実現こそが求められるのである。

1
教科目標

⑶ 「学びに向かう力，人間性等」に関する目標

> ⑶ 身近な人々，社会及び自然に自ら働きかけ，意欲や自信をもって学んだ
>   り生活を豊かにしたりしようとする態度を養う。

　教科目標の⑶は，「学びに向かう力，人間性等」としての資質・能力に関して
示したものである。生活科では，実生活や実社会との関わりを大切にしており，
自立し生活を豊かにしていくことを重視している。思いや願いの実現に向けて，
身近な人々，社会及び自然に自ら働きかけ，意欲や自信をもって学んだり生活を
豊かにしたりしようとすることを繰り返し，それが安定的に行われるような態度
を養うことを目指している。

　身近な人々，社会及び自然に自ら働きかけるとは，児童が思いや願いに基づい
て，身近な人々，社会及び自然に，自分から接近し何らかの行為を行うことであ
る。自分から働きかけることにより，そのときのドキドキした気持ちやワクワク
した気持ち，満足感や達成感などのやり遂げたという気持ちを強く味わうことが
できる。こうした自分自身の姿，変容や成長を捉え，自分自身についてのイメー
ジを深めたり，自分のよさや可能性に気付いたりしていくことが大切である。

　意欲や自信をもって学んだり生活を豊かにしたりしようとする態度を養うと
は，学校や家庭，地域において意欲や自信をもって学んだり生活を豊かにしたり
することが繰り返されることによって，それが安定的な態度として養われるよう
にすることである。ここでいう意欲とは，自らの思いや願いを明確にして，進ん
で学んだり生活を豊かにしたりしたいという気持ちである。また自信とは，思い
や願いの実現に向けて，自分は学んだり生活を豊かにしたりしていくことができ
ると信じることである。

　生活科では，思いや願いを実現する過程において，自分自身の成長に気付くこ
とや，活動の楽しさや満足感，成就感などの手応えを感じることが，一人一人の
意欲や自信となっていく。この意欲や自信が，自らの学びを次の活動やこれから
の生活に生かしたり，新たなことに挑戦したりしようとする姿を生み出していく
のである。

第2節　学年の目標

　第2の1の学年の目標は，育成を目指す資質・能力として，教科目標を具体的・構造的に示したものである。示すに当たっては，「階層を踏まえた内容のまとまり」を基に三つの項目で整理している。この学年の目標に示された資質・能力は，指導計画の作成や学習指導の展開において重要な指針となるものであり，ここに示された学年の目標は，第2学年修了までに実現することを目指している。

●1　学年の目標の設定

⑴　教科目標や内容との関係

　学年の目標は，三つの項目で構成されている。⑴は，学校，家庭及び地域の生活に関わることに関するものである。⑵は，身近な人々，社会及び自然に触れ合ったり関わったりすることに関するものである。⑶は，自分自身を見つめることに関するものである。

　これまで学年の目標は，⑴主に自分と人や社会との関わりに関すること，⑵主に自分と自然との関わりに関すること，⑶自分自身に関すること，⑷生活科特有の学び方に関すること，の四つの項目で構成されていた。それぞれの学年の目標においては，一定の構造を有していたものの，教科目標，学年の目標，内容の関係で考えると曖昧な部分があった。そこで，前回の改訂で示した内容の三つの階層を基にして学年の目標を再構成することとした。なお，これにより，対象との関わりを通して学ぶという生活科の基本原理が変わるわけではなく，「自分と人や社会との関わり」「自分と自然との関わり」「自分自身」を一体的に扱う工夫を促すものである。

　このような示し方に変えたことで，九つの内容の指導を通して，三つで示す学年の目標としての資質・能力が育成され，その実現をもって教科目標が達成されることが明確になった。生活科として育成を目指す資質・能力の実現に向けて，学年の目標と内容とがどのような関係と構造にあるのかを分かりやすく明示することとなった。なお，従来の学年の目標に示されていた「⑷生活科特有の学び方に関すること」については，第3の2の⑵において示した。

⑵　学年の目標の構成

　学年の目標においては，第1学年及び第2学年の2学年間で実現すべき目標が，内容のまとまりごとに三つ示されている。すなわち，学年の目標⑴は，**学校，家庭及び地域の生活に関する内容**である。主に内容⑴から内容⑶によって構

成される。学年の目標(2)は，**身近な人々，社会及び自然と関わる活動に関する内容**である。主に内容(4)から内容(8)によって構成される。また，学年の目標(3)は，**自分自身の生活や成長に関する内容**である。主に内容(9)によって構成されるものの，この学年の目標は全ての内容とのつながりが深い。

　学年の目標の各項目においては，育成を目指す三つの資質・能力が，一文の形で構造的に示されている。育成を目指す三つの資質・能力が，個別ばらばらなものではないこと，三つの資質・能力がつながり合い連動していること，児童の姿としては一体となって表れるものであることなどを強く意識した表記となっている。

　例えば，学年の目標の(1)では，児童は，学校，家庭及び地域の生活に関わることを通して，人々，社会及び自然との関わりについて考え，それらのよさやすばらしさ，自分との関わりについて気付いていく。関わり，考え，気付くことで，地域に愛着をもち自然を大切にしたり，集団や社会の一員として適切な行動をしたりする態度の育成につながることが記されている。学年の目標(2)(3)においても，育成を目指す資質・能力の三つの柱で整理され，その関係が明確に表現されている。

　このように学年の目標は，従前以上に教科目標や内容との関係を強め，育成を目指す資質・能力の三つの柱を明示した。このことは，指導計画を作成したり，学習指導を展開したりする際の拠り所として大きな役割を果たすものと期待することができる。

(3)　2学年間を見通した目標の設定

　生活科は第1学年及び第2学年に設定されている教科であるが，学年の目標は2学年共通に示されている。2学年間を見通した目標を設定することの趣旨は，以下のとおりである。

　第1の趣旨は，低学年の児童には，具体的な活動を通して思考するという発達上の特徴があることである。児童は試行錯誤したり繰り返したりして，対象に何度も関わりながら体全体で学ぶ。このような低学年の児童の発達上の特徴に配慮し，学年の目標を共通に示して，児童の実態に即して活動の深まりや広がりなどに配慮した柔軟な指導ができるようにしている。

　第2の趣旨は，生活科は児童の生活圏を学習の対象や場にして，直接体験を重視した学習活動を展開することである。このような学習では，地域の生活環境の様子，生活様式や習慣などの違い，また，児童の生活経験の違いなどが活動に影響してくる。学習活動を見定めたり学習の素材を選んだりする際に，これらのことを基にすることが大切である。そこで，学年の目標を共通に示して，こうした

地域や児童の実態に応じられるようにしている。

● 2 学年の目標の趣旨

> (1) 学校，家庭及び地域の生活に関わることを通して，自分と身近な人々，社会及び自然との関わりについて考えることができ，それらのよさやすばらしさ，自分との関わりに気付き，地域に愛着をもち自然を大切にしたり，集団や社会の一員として安全で適切な行動をしたりするようにする。

　学年の目標の(1)は，「学校，家庭及び地域の生活に関わることを通して，自分と身近な人々，社会及び自然との関わりについて考えることができ，それらのよさやすばらしさ，自分との関わりに気付き，地域に愛着をもち自然を大切にしたり，集団や社会の一員として安全で適切に行動したりする」ことを目指している。

　学校や家庭，地域などの児童の生活圏は，自分が生活する場であるとともに，友達や先生，家族や地域の人々と共に生活する場でもある。**学校，家庭及び地域の生活に関わることを通して**とは，それらの場所に実際に出掛け，諸感覚を働かせながら見たり聞いたりするなどして関わり，それらの場所やそこに暮らす人々に直接働きかけることである。

　児童は，学校や家庭，地域にある様々な人，もの，ことに対して興味をもって関わったり，直接働きかけて関心を広げたりしていく。そして，**自分と身近な人々，社会及び自然との関わり**に考えを巡らせ，対象そのものや，それらが自分とどのように関わっているかを明らかにするなどの自分と身近な人々，社会及び自然との関わりについて考えることが繰り返し行われる。

　こうして児童は，身近な人々，社会及び自然のよさやすばらしさ，自分との関わりに気付いていく。それは，身近な対象の様子や特徴を見付けたり発見したりして，その価値に気付くことである。よさやすばらしさに気付くことは，対象を肯定的に捉え，これからも関わっていきたいという願いを育てることでもある。また，**自分との関わりに気付く**とは，自分自身と対象との結び付きに意識を向け，自分と対象との関わりが具体的に見えてくることである。こうした気付きによって，児童は幸せや喜びを感じたり，それらを誇りに思ったり，心地よく生活しやすいと感じたりして，次なる行為につながっていくものと考えられる。

　それが，**地域に愛着をもち自然を大切にしたり，集団や社会の一員として安全で適切な行動をしたり**することにつながる。地域に愛着をもち自然を大切にする

とは，身近な自然と関わり合う楽しさを体全体で感じ取り，その楽しさや心地よさを実感することで，自然に親しみ自然を慈しむ心が育つことである。また，**集団や社会の一員として安全で適切な行動をしたりする**とは，児童が学校，家庭，地域社会における一人の構成員として，様々な場でどのような行動をすることが望ましいかについて考え，自ら進んで次のような行動ができるようになることである。

ア　自分の思いや願いをもって接することができる

イ　相手や場所の様子や状況を考えて，接したり扱ったりすることができる

ウ　人や場所，ものなどに親しみ，大切にすることができる

エ　健康や安全に気を付けたり，きまりなど日常生活に必要なことを大切にしたりして行動することができる

オ　自分のよさや友達のよさを認め合って，協力して行動することができる

特に，安全については，自分の身を守ることを最優先に考え，自然災害，交通災害，人的災害などに対する適切な行動や危険を回避する行動などができるようにすることにも配慮する必要がある。

---

(2)　身近な人々，社会及び自然と触れ合ったり関わったりすることを通して，それらを工夫したり楽しんだりすることができ，活動のよさや大切さに気付き，自分たちの遊びや生活をよりよくするようにする。

学年の目標の(2)は，身近な人々，社会及び自然と触れ合ったり関わったりすることを通して，それらを工夫したり楽しんだりすることができ，活動のよさや大切さに気付き，自分たちの遊びや生活をよりよくするようにすることを目指している。

児童の身の回りにあって，児童自身と関係の深い人々や社会及び自然に親しく関わり，それらを直接的，間接的に感じ取る具体的な活動を行うことが大切である。具体的には，**身近な人々，社会及び自然と触れ合ったり関わったりすること**として，公共物や公共施設を利用したり，地域での活動を楽しんだりする活動を行うことが必要となる。また，季節とその移り変わりを感じる活動や，自然の事物，現象に目を向ける活動も欠かせない活動である。あるいは，遊びを創造したり，身近な動物を愛情豊かに育てたり，花や野菜などの植物を自分の手で大切に育てたりすることなども重要な活動である。さらには，そうした中で伝え合い交流する活動を行うことも求められる。

対象と触れ合ったり関わったりすると，「なんとかしたい」「もっとこうした

い」という思いや願いが膨らみ，新しい活動が思い浮かんでくる。**それらを工夫したり楽しんだりすることができる**とは，このように様々な活動を主体的に行う中で，真剣に活動に取り組み，新たな活動を発想して，その活動に一層没頭していくことである。その中で児童は，対象のよさを感じ働きを捉えたり，違いや特徴を見付けたり，工夫してつくったり，関心をもって働きかけたり，想像したり選んだりなどして感じ，考え，行為していく。

こうして児童は，**活動のよさや大切さに気付いていく**。それは，実際に行ってきた様々な活動の意味を自分との関わりで捉えることであり，活動の本質的な価値に向かっていくことである。活動を繰り返す中で，存在や役割，変化や移り変わり，不思議さや面白さ，生命や成長のかけがえのなさ，関わり合いの楽しさなどを一人一人が実感的につかみ，自分のものにしていくことを期待している。「この活動ではこんなことができるから楽しい」，「この活動をしていると，こんなことがあるんだよ」などと活動の本質について，自覚的にその意味や価値に目を向けていくようになる。また，活動を行う過程においては，対象と心情的な対話を重ねることで，自分と対象との親密な関わりが形成される。こうして対象と関わることのよさを味わい，活動し関わることを心待ちにするようになる。

そこには活動を行うことで生まれる充実感が含まれている。充実感の中には，目的や目標に到達したことで得られる達成感や，友達と共に活動することで得られる一体感，自己変容に気付くことにより得られる自己肯定感などがある。**自分たちの遊びや生活をよりよくするようにする**とは，活動を通して得られる充実感を支えに，遊びや生活は自分たちの手でよりよいものにつくりかえられるものであるという意識を育て，自ら環境に働きかけてよりよい生活を創造しようとする態度を養うことである。

---

(3)　自分自身を見つめることを通して，自分の生活や成長，身近な人々の支えについて考えることができ，自分のよさや可能性に気付き，意欲と自信をもって生活するようにする。

学年の目標の(3)は，自分自身を見つめることを通して，自分の生活や成長，身近な人々の支えについて考えることができ，自分のよさや可能性に気付き，意欲と自信をもって生活するようにすることを目指している。

児童は，自分自身の心身の成長やそれを支える身近な人の存在を見つめることで，自分らしさなどの自分のよさや可能性に気付いていく。そのためにも，**自分自身を見つめること**として，学校，家庭及び地域における日々の生活の様子について考えたり，生活や出来事を振り返ったりすることが必要になる。

そこでは，生活の様子やこれまでの成長を振り返りながら，体が大きくなってきたこと，自分でできるようになったこと，学校や家庭での生活における自分の役割など，自分の変化や成長について改めて確認していく。また，自分の成長や日々の生活には，自分のことを気にかけ，自分の安全や生活を守り支えてくれている人がいることについて新たに発見していく。こうして**自分の生活や成長，身近な人々の支えについて考える**ことが行われる。

その結果，「大きくなった」「できるようになった」「みんなのおかげで」と**自分のよさや可能性**を支えてくれた人々との関係で気付くようになる。それは，これまでの心身の成長を実感し，自分らしさを自覚し，よりよく成長していくことができるという将来の自分に対する肯定的な見方をもつことでもある。また，支えてくれた身の回りの人々への感謝の気持ちをもつことでもある。

こうして児童は，自らの成長に対する期待，自ら進んで日々の生活を豊かにしていこうとする思いや願い，自分は更に成長することができると信じる気持ちをもち続けることになる。私たちが期待する**意欲と自信をもって生活するようにする**児童は，このような意欲と自信に支えられて，自分への信頼を高めるとともに他者を信頼し，力を合わせながら目標に向かって成長し続けるのである。

なお，この目標は，(1)から(9)までの全ての内容と関連があることに留意する必要がある。

第3章　生活科の内容

第1節　内容構成の考え方

　生活科は，具体的な活動や体験を通して学ぶとともに，自分と対象との関わりを重視するという生活科の特質を基に，9項目の内容で構成している。以下に，生活科の内容構成の考え方について述べる。

●1　内容構成の具体的な視点

　具体的な視点とは，各内容を構成する際に必要となる視点を意味する。生活科の内容は，ここに示した具体的な視点を基に構成されている。したがって，各学校で構成する単元においては，内容を位置付けるだけではなく，具体的な視点がどのように単元構成に取り入れられているかということにも十分配慮しなければならない。9項目の内容は原則として複数の具体的な視点から構成されることになる。今回の改訂においても，前回の改訂と同様に，次のア～サを具体的な視点としている。

　ア　健康で安全な生活 ―― 健康や安全に気を付けて，友達と遊んだり，学校に通ったり，規則正しく生活したりすることができるようにする。

　イ　身近な人々との接し方 ―― 家族や友達や先生をはじめ，地域の様々な人々と適切に接することができるようにする。

　ウ　地域への愛着 ―― 地域の人々や場所に親しみや愛着をもつことができるようにする。

　エ　公共の意識とマナー ―― みんなで使うものや場所，施設を大切に正しく利用できるようにする。

　オ　生産と消費 ―― 身近にある物を利用して作ったり，繰り返し大切に使ったりすることができるようにする。

　カ　情報と交流 ―― 様々な手段を適切に使って直接的間接的に情報を伝え合いながら，身近な人々と関わったり交流したりすることができるようにする。

　キ　身近な自然との触れ合い ―― 身近な自然を観察したり，生き物を飼ったり育てたりするなどして，自然との触れ合いを深め，生命を大切にすることができるようにする。

　ク　時間と季節 ―― 一日の生活時間や季節の移り変わりを生かして，生活

を工夫したり楽しくしたりすることができるようにする。

ケ　遊びの工夫 ——— 遊びに使う物を作ったり遊び方を工夫したりしながら，楽しく過ごすことができるようにする。

コ　成長への喜び ——— 自分でできるようになったことや生活での自分の役割が増えたことなどを喜び，自分の成長を支えてくれた人々に感謝の気持ちをもつことができるようにする。

サ　基本的な生活習慣や生活技能 ——— 日常生活に必要な習慣や技能を身に付けることができるようにする。

　この具体的な視点は，児童や学習環境の変化，社会的要請の変化などにより，その都度若干の変更が加えられることが考えられる。

●2　内容を構成する具体的な学習活動や学習対象

　生活科は，具体的な活動や体験を通して学ぶことを基本としているところに特色がある。具体的な活動や体験は，単なる手段や方法ではなく，目標であり，内容でもある。つまり，生活科で育みたい児童の姿を，どのような対象と関わりながら，どのような活動を行うことによって育てていくかが重要であり，そのこと自体が内容となって構成されている。具体的には，内容構成の具体的な視点を視野に入れながら，低学年の児童に関わってほしい学習対象を選び出し，以下のように整理している。

　①学校の施設　②学校で働く人　③友達　④通学路　⑤家族　⑥家庭　⑦地域で生活したり働いたりしている人　⑧公共物　⑨公共施設　⑩地域の行事・出来事　⑪身近な自然　⑫身近にある物　⑬動物　⑭植物　⑮自分のこと

　以上のことから，生活科の内容は，先に記した内容構成の具体的な視点と学習対象とを組み合わせ，そこに生まれる学習活動を核として育成を目指す資質・能力の三つの柱として内容を構成することになる。こうした内容構成の再整理によって，これまでもあった「学校と生活」，「家庭と生活」，「地域と生活」，「公共物や公共施設の利用」，「季節の変化と生活」，「自然や物を使った遊び」，「動植物の飼育・栽培」，「生活や出来事の交流」，「自分の成長」の９項目の内容を見直した。

●3　内容の構成要素と階層性

　生活科は，複数の内容を組み合わせて単元を構成することが多い。ここでは，

各内容の構成要素と九つの内容との関係を明らかにし，複数の内容を組み合わせて単元を構成する際の参考となるようにする。

(1) 各内容の構成要素

　生活科の各内容の記述には，次の要素が組み込まれている。第1は，児童が直接関わる学習対象や実際に行われる学習活動等である。これは，具体的な活動や体験は，目標であり，内容であり，方法でもあるという生活科のこれまでの考えに基づく。第2は，思考力，判断力，表現力等の基礎，第3は，知識及び技能の基礎，第4は，学びに向かう力，人間性等であり，育成を目指す資質・能力の三つの柱である。九つの全ての内容は，これらの四つの要素により構成されている。

　低学年の児童に，よき生活者としての資質・能力を育成していくためには，実際に対象に触れ，活動することが欠かせない。そこでは，様々な対象について感じ，考え，行為していくと同時に，その学習活動によって関わる対象や自分自身への気付きが生まれ，それらが相まって学びに向かう力を安定的で持続的な態度として育成し，確かな行動へと結び付けていくことが期待されている。例えば，自然を利用したり，身近な物を使ったりして遊ぶ活動を行うことを通して，遊びや遊びに使う物を様々に考え工夫してつくり，遊びの面白さや自然の不思議さに気付く。こうして活動し，考え，表現し，気付くことによって，みんなと楽しみながら遊びを創り出そうとする児童の姿が実現していくのである。

　複数の内容を組み合わせて単元を構成する際には，内容の漏れや落ちが生じないようにこれらの要素について十分考慮することが求められる。

1
内容構成の
考え方

(2) 内容の階層性

九つの各内容の関係は，下図のような階層の形で表すことができる。

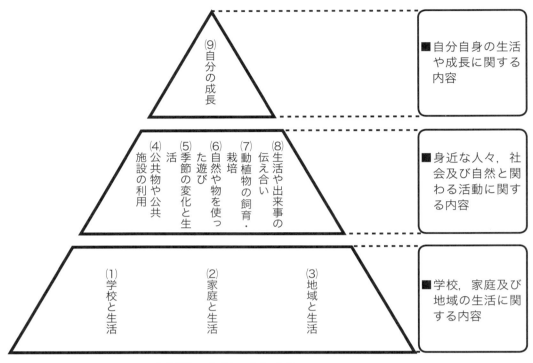

生活科の内容のまとまり

まず，第1の階層として，内容(1)「学校と生活」，内容(2)「家庭と生活」，内容(3)「地域と生活」があり，これらは児童の生活圏としての環境に関する内容である。生活科は，児童の身の回りの環境や地域を学習の対象とし，フィールドとしている。児童にとって最も身近な学校，家庭，地域を扱う内容が第1の階層といえる。

次に，第2の階層として，内容(4)「公共物や公共施設の利用」，内容(5)「季節の変化と生活」，内容(6)「自然や物を使った遊び」，内容(7)「動植物の飼育・栽培」，内容(8)「生活や出来事の伝え合い」が位置付けられる。これらは，自らの生活を豊かにしていくために低学年の時期に体験させておきたい活動に関する内容である。低学年の時期に体験させておきたい活動とは，低学年の児童の身の回りにあるだけでなく，低学年の児童が関心を向けやすい活動であり，活動を通して次第に児童一人一人の認識を広げ，資質・能力を育成していくために必要となる活動である。

そして，第3の階層に，自分自身の生活や成長に関する内容(9)「自分の成長」を位置付け，内容(1)～(8)の全ての内容との関連が生まれる階層として捉えていく。したがって，内容(9)は，一つの内容だけで独立した単元の構成も考えられるし，他の全ての内容と関連させて単元を構成することも考えられる。

なお，ここでは，内容の大きなまとまりを階層の形で説明したが，それぞれの

まとまりに上下関係があるわけではなく，また，内容の大きなまとまり同士が分断されているものでもない。また，学習の順序性を規定しているものでもない。

今回の改訂で，九つの内容を，学年の目標に即して〔学校，家庭及び地域の生活に関する内容〕，〔身近な人々，社会及び自然と関わる活動に関する内容〕，〔自分自身の生活や成長に関する内容〕があることを示しつつ，内容を枝分けせずに，(1)から(9)までの通し番号で示しているのもこのためである。

このように生活科では，次の生活科の内容の全体構成に示した各内容の構成要素とその内容の大きなまとまりを意識して，単元の構成を行うことに配慮することが必要である。

生活科の内容の全体構成

階層	内容	学習対象・学習活動等	思考力，判断力，表現力等の基礎	知識及び技能の基礎	学びに向かう力，人間性等
学校、家庭及び地域の生活に関する内容	(1)	・学校生活に関わる活動を行う	・学校の施設の様子や学校生活を支えている人々や友達，通学路の様子やその安全を守っている人々などについて考える	・学校での生活は様々な人や施設と関わっていることが分かる	・楽しく安心して遊びや生活をしたり，安全な登下校をしたりしようとする
	(2)	・家庭生活に関わる活動を行う	・家庭における家族のことや自分でできることなどについて考える	・家庭での生活は互いに支え合っていることが分かる	・自分の役割を積極的に果たしたり，規則正しく健康に気を付けて生活したりしようとする
	(3)	・地域に関わる活動を行う	・地域の場所やそこで生活したり働いたりしている人々について考える	・自分たちの生活は様々な人や場所と関わっていることが分かる	・それらに親しみや愛着をもち，適切に接したり安全に生活したりしようとする
身近な人々、社会及び自然と関わる活動に関する内容	(4)	・公共物や公共施設を利用する活動を行う	・それらのよさを感じたり働きを捉えたりする	・身の回りにはみんなで使うものがあることやそれらを支えている人々がいることなどが分かる	・それらを大切にし，安全に気を付けて正しく利用しようとする
	(5)	・身近な自然を観察したり，季節や地域の行事に関わったりするなどの活動を行う	・それらの違いや特徴を見付ける	・自然の様子や四季の変化，季節によって生活の様子が変わることに気付く	・それらを取り入れ自分の生活を楽しくしようとする
	(6)	・身近な自然を利用したり，身近にある物を使ったりするなどして遊ぶ活動を行う	・遊びや遊びに使う物を工夫してつくる	・その面白さや自然の不思議さに気付く	・みんなと楽しみながら遊びを創り出そうとする
	(7)	・動物を飼ったり植物を育てたりする活動を行う	・それらの育つ場所，変化や成長の様子に関心をもって働きかける	・それらは生命をもっていることや成長していることに気付く	・生き物への親しみをもち，大切にしようとする
	(8)	・自分たちの生活や地域の出来事を身近な人々と伝え合う活動を行う	・相手のことを想像したり伝えたいことや伝え方を選んだりする	・身近な人々と関わることのよさや楽しさが分かる	・進んで触れ合い交流しようとする
自分自身の生活や成長に関する内容	(9)	・自分自身の生活や成長を振り返る活動を行う	・自分のことや支えてくれた人々について考える	・自分が大きくなったこと，自分でできるようになったこと，役割が増えたことなどが分かる	・これまでの生活や成長を支えてくれた人々に感謝の気持ちをもち，これからの成長への願いをもって，意欲的に生活しようとする

第3章
生活科の内容

第2節　生活科の内容

　生活科の各内容には，一文の中に「児童が直接関わる学習対象や実際に行われる学習活動等」「思考力，判断力，表現力等の基礎」「知識及び技能の基礎」「学びに向かう力，人間性等」の四つが構造的に組み込まれた。全ての内容は「〜を通して（具体的な活動や体験），〜ができ（思考力，判断力，表現力等の基礎），〜が分かり・に気付き（知識及び技能の基礎），〜しようとする（学びに向かう力，人間性等）」のように構成されている。低学年の児童に，よき生活者としての資質・能力を育成していくためには，実際に対象に触れ，活動することを通して，対象について感じ，考え，行為していくとともに，その活動によって，対象や自分自身への気付きが生まれ，それらが相まって学びに向かう力を安定的で持続的な態度として育成し，確かな行動へと結び付けていくことが大切である。

> (1)　学校生活に関わる活動を通して，学校の施設の様子や学校生活を支えている人々や友達，通学路の様子やその安全を守っている人々などについて考えることができ，学校での生活は様々な人や施設と関わっていることが分かり，楽しく安心して遊びや生活をしたり，安全な登下校をしたりしようとする。

　児童は学校において，先生や友達と一緒に遊んだり学んだりして共に生活する楽しさを味わい，学校のことが分かり，集団の中での自分の行動の仕方を学んでいく。

　ここでは，学校生活に関わる活動を通して，学校の施設の様子や学校生活を支えている人々や友達，通学路の様子やその安全を守っている人々などについて考えることができ，学校での生活は様々な人や施設と関わっていることが分かり，楽しく安心して遊びや生活をしたり，安全な登下校をしたりできるようにすることを目指している。

　学校生活に関わる活動とは，学校の施設や利用している通学路にあるものを見付けたり，そこにいる人と触れ合ったりするなどして，学校に自分の居場所を見付け，安心して学校生活を送ることができるようにすることである。そのためにも，学校を探検して施設や設備の様子を捉えたり，校内にいる人と出会い，挨拶するなどして交流の輪を広げたり，通学路を歩いて様々な発見をしたりするなどの活動を行うことが考えられる。

　学校の施設の様子や学校生活を支えている人々や友達，通学路の様子やその安全を守っている人々などについて考えるとは，児童が学校の施設の様子や学校生

活を支えている人々や友達，通学路やその安全を守っている人々や，それらが自分とどのように関わっているかを考えることである。例えば，学校探検で図書室を見付けた児童は，「たくさん本があるよ。読んでみたいな」という思いをもつ。教室に戻り，読んでみたいという思いを伝え合うと「また行ってみたいね」「お兄さんたちは，カードみたいなものを使って借りていたよ」「本の整理をしている人がいたから聞いてみたら」と友達とのやり取りの中で，施設の位置や働きなどについて考えていくようになる。さらには，好きな本を自分で選んで借りられること，一人一人の貸し出しカードがあることなど，児童の学校生活との関わりが明らかになっていく。同様に，通学路においても，その様子やその安全を守っている人々の存在や役割，それらが自分たちの安全な登下校を守り支えていることについて考えていく。

学校での生活は様々な人や施設と関わっていることが分かるとは，関わりを深めた施設や人々について，それらの位置や働き，存在や役割などの特徴に気付き，それらと自分との関わりに気付くだけでなく，それらがみんなのためや安全な学校生活のためにあることの意味を見いだすことである。例えば，校庭に出て砂場や遊具で遊んだり，図書室で本を読んだりして，利用する楽しさやよさを感じたり，その使い方が分かったりする。また，図書室の本を整理する司書教諭と会話することで，「みんなのためにお仕事をしている」「だからみんな楽しそうにしているんだ」「ぼくも借りられるんだ」とその仕事の意味や価値が分かることもある。音楽室でリコーダーを演奏する上級生の姿を見て，音楽室はどんな場所かを知るとともに，「上手だなあ。私もやってみたい。できるようになりたい」と，学校生活における自分との関わりで思いや願いをもつことも考えられる。

なお，学校の施設や人々と関わる活動を行う際には，学校の公共性に目を向けるよう配慮する必要がある。学校の施設はみんなのものであること，学校にはみんなで気持ちよく生活するためのきまりやマナーがあることなどに気付いたり，学校生活のリズムを身に付けたりすることなどが大切である。その際，適応指導として児童に教え込んでいくのではなく，具体的な活動の中で学校生活に必要な習慣や技能等を学んでいくことが大切である。

楽しく安心して遊びや生活をしたり，安全な登下校をしたりしようとするとは，学校の施設，先生や友達などに関心をもって関わろうとすること，思いや願いをもって施設を利用しようとすること，ルールやマナーを守って安全に登下校しようとすることなどである。

例えば，「雨の日も寒い日も，交通安全指導の人は交差点に立ってくれているよ」「見守ってくれているんだね」「うれしいな。今度お礼を言わなくちゃ」「自分だけのときも，交通ルールを守るぞ」と，自分との関わりで安全を守っている

人の役割に気付くことで，次第に自分自身で行動し，いつでもどこでも安定的に行動できる児童の姿へ成長していくものと考えることができる。

児童を取り巻く環境が変化する中，学校の中の生活だけではなく，登下校も含めて，楽しく安心で安全な生活ができるようにすることが課題となっている。子ども110番の家や児童の安全を見守る地域ボランティアの人などとの関わりをもつことなども考えられる。なお，安全については，自然災害，交通災害，人的災害の三つの災害に対する安全確保に配慮することが必要である。

この内容の取扱いに当たっては，学校での自分の生活を豊かに広げていくという視点に立って，児童が常に学校での自分の生活をよりよくしていこうとする意識をもち続けられるよう工夫する必要がある。また，幼児期の教育から小学校教育への円滑な接続を図る観点から，入学当初においては，生活科を中心とした合科的・関連的な指導や，弾力的な時間割の設定を行うなどのスタートカリキュラムとして単元を構成し，カリキュラムをデザインすることも考えられる。その際は，幼稚園や保育所などとの連携や全校的な協力体制をとれるようにすることが大切である。

---

(2) 家庭生活に関わる活動を通して，家庭における家族のことや自分でできることなどについて考えることができ，家庭での生活は互いに支え合っていることが分かり，自分の役割を積極的に果たしたり，規則正しく健康に気を付けて生活したりしようとする。

児童にとって家庭は，自分を支え，育んでくれる家族がいるところである。そこでは，家族一人一人が家庭の内外の仕事や役割を果たすとともに，思いやりや愛情によって互いに支え合い，家庭生活が営まれている。家庭生活は児童にとっての生活の基盤であり，心のよりどころである。しかし，児童にとってあまりにも身近であるため，その大切さに思い至らないことが多い。

ここでは，家庭生活に関わる活動を通して，家庭における家族のことや自分でできることなどについて考えることができ，家庭での生活は互いに支え合っていることが分かり，自分の役割を積極的に果たしたり，規則正しく健康に気を付けて生活したりできるようにすることを目指している。

この内容の学習を行うに当たっては，時代と共に家庭を取り巻く環境が変化していることから，これまで以上に家庭の状況を踏まえた十分な配慮が求められる。特に，児童によって家族構成や家庭生活の状況が異なることから，各家庭や児童のプライバシーを尊重し，配慮する必要がある。そのため，家庭の理解と協力を得て，個々の家庭の状況を十分把握した上で，一人一人の児童の実態を踏ま

2
生活科の
内容

えた適切な学習活動を行うようにする。家庭での実践が難しい場合には，実践の場を学校に求めるなどの工夫も考えられる。これによって，児童は安心して学習に取り組むことができる。

家庭生活に関わる活動とは，家庭における自分の生活や役割を見つめること，家庭での楽しみや家族のためにできることを考えること，自分でできることを実際に行うことである。具体的には，家庭における自分の生活や家族の生活について尋ねたり，それぞれの役割を調べたりすること，また，家庭での楽しみや家族のためにできることなどについて，自分でできることを見付け，実践することなどが考えられる。

家庭における家族のことや自分でできることなどについて考えるとは，家族一人一人の存在や仕事，役割，家庭における団らんなどが，自分自身や自分の生活とどのように関わっているかを考えることである。また，自分のこととして行うべきことや家庭での喜びや気持ちよい生活のための工夫などについて，何が自分でできることかを考えることである。具体的には，実際に家庭における家族に目を向け，関心をもつことで，児童は家庭の生活を自分との関わりで見つめ直していく。そうすることで，家庭生活における自分の存在や役割が明らかになり，家庭において自分でできることについて考えていくようになる。

これらは，実際に行うことが大切である。家庭で話を聞いたり，家庭の仕事を自分で経験したりすることによって，児童は家庭での生活を改めて実感的に捉えることになるからである。したがって，家庭との連携を図り，様々な人と関わったり，家庭での仕事を継続的に行ったりするなどして，家庭生活について考えることができる機会を設定することが重要である。

家庭での生活は互いに支え合っていることが分かるとは，家庭生活においてそれぞれのよさや果たしている仕事，役割があること，それらと自分との関わりに気付き，家庭での生活は互いを思い，助け合い，協力し合うことで成立していること，自分も家庭を構成している大切な一人であることが分かることである。

そのためには，児童が主体的に家庭生活に関わることができるよう，自分のことは自分で行ったり，家庭での関わり方について自己決定したりすることが大切である。また，活動したことについて，伝え合い交流する場を設定し，家庭生活を見直すことで，「おいしい朝ご飯を作ってくれてありがとう」「弟の世話をしたらおじいちゃんが喜んでいたよ」など，自分自身が支えてもらっていることや家庭生活の役に立っていることなど，自分の行動が家庭生活と深く関わりつながっていることを実感できるようにすることが大切である。

自分の役割を積極的に果たしたり，規則正しく健康に気を付けて生活したりしようとするとは，自分の生活を見つめ直すことを通して，自分の役割を自覚し進

んで取り組んだり，生活のリズムや健康に気を付けた暮らしを継続していこうと
することである。

　例えば，「お皿洗いを手伝うことに決めたわけは，お母さんの手がいつもかさ
かさしていたからです。お皿洗いをしていたら，優しい，いい子になったねと喜
んでくれました。今はガラスのコップや大きな鍋も洗えるようになりました。一
人で洗い物をすることができます」と話す児童の姿に見られるように，自分の役
割を積極的に果たし，それが家庭生活の役に立っていることを実感した児童は，
自分に自信をもって生活することができるようになる。

　また，食事や睡眠等，日々の家庭生活の中での配慮，病気やけがをしたときの
心配や治癒した時の安堵，成長の節目に当たる家族の行事などについて，振り
返ったり，交流したりすることで，児童は家族がしてくれたことに気付き，家族
の願いを実感する。このことが，規則正しく健康に気を付けて生活しようとする
姿につながる。

　このように，家族や家庭生活に関わる活動を行う中で，挨拶や言葉遣い，身の
回りの整理整頓，食事や睡眠などに関する習慣や技能を身に付けるようにするこ
とも大切である。児童を取り巻く家庭生活に大きな変化が見られる中，家族との
会話や触れ合いの減少，生活習慣や生活リズムの乱れ等の問題が生じていること
も指摘されている。ここでの学習を通して，児童が自分の家庭を見つめ，家族の
一員として，よりよい生活をしようとする意欲を高めることが期待される。

　この内容の学習については，家庭生活は児童の生活の中心を担うものであるこ
とから，他の内容との関連を図った活動を取り入れるよう工夫することが考えら
れる。例えば，自分で育てた野菜を家庭で調理して食べる，学校で飼育している
動物を家庭で紹介する，身近な自然や物を使って製作したおもちゃを使って家庭
で遊ぶ，などが考えられる。これらにより，家庭が楽しくなることについての児
童のアイディアを広げることになる。

---

(3)　地域に関わる活動を通して，地域の場所やそこで生活したり働いたりし
　　ている人々について考えることができ，自分たちの生活は様々な人や場所
　　と関わっていることが分かり，それらに親しみや愛着をもち，適切に接し
　　たり安全に生活したりしようとする。

　児童は，学校や家庭を中心とした生活から，友達や地域の人々，身の回りの環
境などとの関わりを通して，自分たちの地域へと生活の場を広げる。地域で，友
達と遊んだり，買物をしたり，子供会の活動に参加したりするなどして，様々な
人々や場所と関わって生活するようになる。

ここでは，地域に関わる活動を通して，地域の場所やそこで生活したり働いたりしている人々について考えることができ，自分たちの生活は様々な人や場所と関わっていることが分かり，それらに親しみや愛着をもち，適切に接したり安全に生活したりできるようにすることを目指している。

　地域に関わる活動とは，身近な生活圏である地域に出て，そこで生活したり働いたりしている人々と接し，様々な場所を調べたり利用したりするなどして，地域の場所やそこで生活したり働いたりしている人々について考え，それらが自分たちの生活を支えていることや楽しくしていることが分かり，地域に親しみや愛着をもち，人々と適切に接することや安全に生活できるようにすることである。例えば，地域の店や公園などを訪問したり利用したり，そこで働く人々や利用する人々にインタビューしたりするなどの活動が考えられる。

　地域の場所やそこで生活したり働いたりしている人々について考えるとは，実際に地域に出掛け，地域で生活したり働いたりしている人々の姿を見たり話を聞いたりするなどして，地域の場所や地域の人，それらが自分とどのように関わっているかを考えることである。例えば，地域探検で，広い畑で農作業をしている人を見付けた児童は，「何をつくっているのかな。教えてもらいたいな」という思いをもち，インタビューを通して，「畑が学校のグラウンドよりも広いよ」「一番忙しいのは９月と10月なんだって」「秋になったら，私もこの畑でとれたタマネギを食べてみたいな」「教えてもらったおすすめ料理をつくってみたい」と考えていくようになる。ここでいう「地域の場所やそこで生活したり働いたりしている人々」とは，自分の家や学校の周りの田や畑，商店やそこで働く人，友達の家やその家族，公園や公民館などの公共施設やそこを利用したり働いたりしている人，幼稚園・認定こども園・保育所や幼児や先生，近隣の人，子供会の人，目印にしている場所や物，遊べる川や林，自分や家の人がよく通る道などである。

　自分たちの生活は様々な人や場所と関わっていることが分かるとは，地域に出掛け，自分の身の回りには様々な場所があり様々な人たちが生活していること，そこには様々な仕事があり，それらの仕事に携わっている人たちがいること，それらの関係や，自分との関わりに気付くことである。例えば，「面白い品物があるんだよ」「初めて見付けて驚いたよ」と気付いた児童が，繰り返し出掛けることで，そこで生活したり働いたりしている人々と触れ合うようになることが考えられる。何度も繰り返し関わるうちに「お客さんが喜んでくれるのがうれしい」「材料を工夫し，心を込めて作っている」といったその人の思いに触れる。こうして「わたしたちの町には素敵な人がいっぱいいるんだな」と気付くとともに，自分たちの生活は様々な人や場所と関わり，自分たちの生活を支えていることや生活を楽しくしていることが分かるようになっていく。

ここで，人々や場所を取り上げる際には，単に地域全体を扱うということではなく，児童の思いや願いを生かした活動ができるとともに，繰り返し関わる活動ができ，活動を通して地域がより身近なものになるようにすることが大切である。

　それらに親しみや愛着をもち，適切に接したり安全に生活したりしようとするとは，地域の人々や場所のよさに気付くとともに，それらを大切にする気持ちや地域に積極的に関わろうとする気持ちを一層強くもつことである。そのことが，適切に接したり安全に生活したりしようとする態度を育てていく。児童は地域の人々や場所と関わる中で，親しみや愛着とともに，憧れまでももつようになる。例えば，「おじさんはいつも元気だな」「お姉さんみたいになりたい」など，それらの人々に心を寄せ，「わたしも頑張りたい」と，夢や希望をもち，児童が意欲をもって生活するようになると考えられる。

　こうして人々と適切に接することは，相手のよさを感じ取り，自分のよさを伝えることにもなり，より深い関わりを生む。そのためにも，地域の人々と挨拶をして適切な言葉遣いでやり取りしたり，幼児に遊具を譲るなど相手や場に応じて行動したりするなどの習慣や技能が大切になる。その際は，挨拶をする，用件を伝える，相手の都合を尋ねる，順番を待つなど，マナーを守って行動することが求められる。「おはようございますって挨拶したら，おはようございますって，元気に挨拶してくれた」「小さい子にすべり台を先にすべらせてあげたら，ありがとうと言ってくれて，とってもうれしかった」など，実際に地域の人々と関わり，マナーを守ることで互いに気持ちよく生活できるという体験を重ね，児童自らが人々と適切に接する大切さを感じ，その接し方を身に付けるようにしていくことが望まれる。

　また，安全に生活することは，児童自身が事故やけがなどがなく安全に生活できると同時に，安全で安心な場所としての地域の一員になることでもある。だからこそ，安全に気を付けて，遊んだり場所や物を使ったり人々と接したりすることなどが必要となる。ここでは，地域の人々や場所と実際に関わることを通して，より安全な遊び方や場所・物の使い方，人々との接し方を児童自身が身に付けるようにしていくことが望まれる。「今日は雨が降っていて滑りやすいから，池のそばには行かないようにしよう」「この道は狭くて車がよく通るから気を付けて歩こう」「困ったことがあったときには，あの家や店の人に相談しよう」など，児童が，その場の状況を捉え，危険を予測して行動できるようにすることが大切である。そして何よりも，実際に地域に出掛け，親しみや愛着をもつ人や場所を増やし，地域が安心して生活できる場と感じられるようにしていくことが望まれる。

この内容の学習を行うに当たっては，地域の人々の協力が欠かせない。以前からのつながりを大切にしながら，地域が常に変化していることを踏まえて，新たな協力者を探ることも大切である。その際は，学習のねらいを丁寧に説明し，児童が主体的に活動できるよう，共通理解を図ることが必要である。活動の意義について地域の人々に伝えることは，学校の児童が「地域の子供」であることを再認識することとなり，社会に開かれた教育課程につながるものと考える。

---

(4) 公共物や公共施設を利用する活動を通して，それらのよさを感じたり働きを捉えたりすることができ，身の回りにはみんなで使うものがあることやそれらを支えている人々がいることなどが分かるとともに，それらを大切にし，安全に気を付けて正しく利用しようとする。

児童にとって公共物や公共施設を利用することは，生活の場を家庭から身近な社会へと広げることにつながる。それらを利用することで，身の回りには，みんなで使うものやみんなのための場所があり，「自分」と「みんな」という意識をもつことができるようになる。それらは，身の回りにたくさん存在し，自分たちの生活に役立つものや，安心・安全のために必要なもの多様に存在する。実際に利用することで，様々な公共物や公共施設の存在や役割，それらを支えている人々を知り，必要に応じて使えるようになることも期待できる。このように，公共物や公共施設について学ぶことは，児童が，自分自身の生活を広げたり豊かにしたりするために大切である。

ここでは，公共物や公共施設を利用する活動を通して，それらのよさを感じたり働きを捉えたりすることができ，身の回りにはみんなで使うものがあることやそれらを支えている人々がいることなどが分かるとともに，それらを大切にし，安全に気を付けて正しく利用できるようにすることを目指している。

公共物や公共施設を利用する活動とは，身の回りのものや地域の施設の中から，みんなのものやみんなで使う施設等を実際に使ってみたり，そこにあるものやそこにいる人々と関わったりすることである。

ここで取り上げる公共物とは，例えば，地域や公園にあるベンチ，遊具，水飲み場，トイレ，ごみ箱，図書館や児童館の本，博物館の展示物，乗り物，道路標識や横断旗など，みんなが利用するものが考えられる。公共施設としては，公園，児童館，集会所，公民館，図書館，博物館，美術館，駅，バスターミナル，防災倉庫，避難場所など，みんなで使う施設が考えられる。これらのほかにも，みんなが利用する掲示板や掲示物，多くの人々が利用する河川敷や広場などを含めて幅広く捉えていくことが大切である。

それらのよさを感じたり働きを捉えたりすることができるとは，実際に公共物や公共施設を利用することでそれらのよさを実感し，役割や機能を自分や自分の生活とつなげて捉えることである。例えば，児童が公園を利用すると，「公園には楽しい遊具がたくさんあるから，また来たいな」といった思いや願いをもつ。それらを利用し関わる中で「お気に入りの遊具があるんだ。お休みの日にも遊びに来るよ」「公園にはいろんな人がいるんだね。お掃除してくれる人とお話ししたよ」などと特徴を見付けたり，管理する人と触れ合い親しみをもったりする。そして，利用者だけではなく管理者にも視点を移しながら「気持ちよく使えるようにしてくれているんだね」「公園で遊ぶの大好き」などと，自分たちの生活が豊かになっていることやそれらの社会的な役割について実感していく。

　身の回りにはみんなで使うものがあることやそれらを支えている人々がいることなどが分かるとは，生活の中にあるみんなで使うものの存在を，それらが目的に合わせて多様に存在することに気付くことである。また，それらと自分との関わりに気付いたり，幼児，高齢者，障害のある人など，多くの人が利用していること，そうした多くの人が利用しやすいようにするための利用方法やきまり，それを支える人々の存在があることに気付いたりすることである。それらを支えている人々とは，公共物や公共施設で職員として働く人はもとより，例えば，図書館で図書の読み聞かせをしてくれる人や，博物館などで案内をしてくれるボランティアの人なども含めて考えていくようにする。

　ここでは，公共物や公共施設の存在，役割や機能に気付くだけではなく，支えている人々がいることにも気付くことを求めている。大切なことは，それらの人々と直接関わり，親しみをもてるようにすることであり，その中で支えている人の工夫や気持ちに気付くことである。そのことが，「管理人さんみたいに公園を大切にしよう」といった公共物や公共施設を大切にしようとする意識へと高まり，みんなで使うものは，自分にとっても，相手にとっても気持ちよく利用して生活するものであることに向かっていく。

　それらを大切にし，安全に気を付けて正しく利用しようとするとは，公共物や公共施設を大切に扱い，安全で正しい利用をしていくことである。そのことに加えて，支えてくれている人々の思いや願いも大切にしながら，自分たちの生活に生かしていこうとすることである。児童にとって「楽しかったな。また行って遊びたいな」「本を読みに，また図書館に行こう」「働いている人が優しく教えてくれたよ。とっても嬉しかったな」「みんなで使える場所がたくさんあることが分かったよ。私たちの町ってすごいね」などのよさを実感するものとなる。

　また，この内容の学習をきっかけとして，授業以外で，友達や保護者と公共施設などを利用した経験を共有し合えるように，朝の会のお知らせや掲示板などで

2
生活科の
内容

37

情報発信する場を設けることなども，児童の学びを広げ，実生活とつなげる取組
として効果的である。

　児童が公共物や公共施設に親しみや愛着をもつようになると，「他の人に迷惑
をかけないように静かに利用しよう」「いつもお世話になっている管理人さんに
お礼をしよう」などと，児童からの提案が生まれることもある。そうした児童の
思いを生かし，例えば自分たちで育てた草花を届けたり，利用した楽しさを手紙
や作文，絵にして届けたりするなど，児童の側からの創造的な働きかけを実現す
ることも大切である。このような活動によって，児童は単なる利用者という立場
を越えて，公共の意識をより一層高めていくとともに，自分自身の力でよりよい
生活をつくり出していく態度を身に付けていくことになる。

　この内容の学習を行うに当たっては，内容(1)「学校と生活」や内容(3)「地域と生
活」などと組み合わせて単元を構成することも考えられる。その際は，指導の効
果が高まるように配慮することが必要である。町を探検する中でバスや電車など
の乗り物を利用する場合には，公共の交通機関はたくさんの人が利用しているこ
とや，みんなで気持ちよく利用するためのルールやマナーがあることなどに気付
き，安全に気を付けて正しく利用できるようにすることが大切である。なお，社
会生活の基本となるルールやマナーを身に付けられるようにするには，単にそれ
だけを取り上げて指導するのではなく，他教科等や他単元と関連させるなど，学
習の必要感のある機会と場をつくり，児童の思いや願いを実現する過程におい
て，必要に応じて適切に指導していくことが大切である。また，児童自身の中
に，公共の意識に支えられた正しい態度が育つように配慮することも大切であ
る。

---

(5)　身近な自然を観察したり，季節や地域の行事に関わったりするなどの活
　　動を通して，それらの違いや特徴を見付けることができ，自然の様子や四
　　季の変化，季節によって生活の様子が変わることに気付くとともに，それ
　　らを取り入れ自分の生活を楽しくしようとする。

　「くっつき虫で遊んだよ。服に付けて模様にしたよ。秋になるとくっつき虫の
色が変わることも発見したよ」とオナモミを使って遊んだり，「お兄ちゃんたち
が，笛や太鼓の練習をしていたよ。もうすぐお祭りだね」とうれしそうに話しか
けたりする児童には，身近な自然や社会の変化に素直に心を動かし，自分との関
わりにおいて季節を捉えている姿がある。身近な自然に浸り，四季の変化を楽し
むことは，諸感覚を磨いたり感性を豊かにしたりする上で重要な体験である。ま
た，自然体験の少なさが課題として挙げられる中，幼児期から児童期に至る成長

の過程において，自然に触れ合う体験や季節に応じて自分たちの生活を工夫する体験が求められている。

　ここでは，身近な自然を観察したり，季節や地域の行事に関わったりするなどの活動を通して，それらの違いや特徴を見付けることができ，自然の様子や四季の変化，季節によって生活の様子が変わることに気付くとともに，それらを取り入れ自分の生活を楽しくできるようにすることを目指している。

　身近な自然を観察したり，季節や地域の行事に関わったりするなどの活動とは，身近な自然，季節や地域の行事に興味・関心をもち，自然と直接触れ合い注意を向けたり，行事の中で実際に地域の人と関わったりすることである。児童は，実際に野外に出掛け，タンポポの綿毛を飛ばしたり，アリの行列をたどって巣を探したりするなど自然に興味をもつ。そして，タンポポの花のにおいや綿毛がふわふわしていること，アリの動きをじっと見つめることなど諸感覚を使って繰り返し自然と触れ合う。そこには，視覚，聴覚，触覚，味覚，嗅覚などを使って自然の素晴らしさを十分に味わう姿が生まれる。繰り返し自然と触れ合うことで，タンポポの花や綿毛の構造，色や形，アリのえさの運び方に注意を向けるようになる。こうして，自分なりの思いや願いをもってじっくりと観察し没頭する。

　ここで取り上げる身近な自然とは，児童が繰り返し関わることのできる自然であるとともに，四季の変化を実感するのにふさわしい自然である。例えば，近くの公園，川や土手，林や野原，海や山などが考えられる。また，そこで出会う生き物，草花，樹木などのほかに，水，氷，雨，雪，風，光なども対象となろう。

　このような自然を観察する活動は季節ごとに行うとよい。例えば，春に花を摘んだ野原で秋には虫取りをしたり，春には冷たかった川で夏には水遊びをしたりする。また，秋になると木の葉が色づくことや木の実が実ることを発見したり，冬には風や氷，雪を使って楽しんだりする。

　季節や地域の行事に関わる活動は，お祭りなどの行事やその準備に出掛け，季節や地域の行事に興味をもつことから始まる。そして，季節や地域の行事を主催し，保存・継承に携わる人々から話を聞いたり，実際に見せてもらったりするなどして交流する。さらには，行事で御神輿を担いだり，お祭りに参加したりすることも考えられる。

　ここで取り上げる季節や地域の行事とは，季節の変化と関わりをもつ地域の行事のことである。各地には，そうした季節にちなんだ様々な行事がある。それらは，地域の歴史や人物にも関わり，みんなの幸せや地域の発展を願うものでもあり，さらには，地域の結び付きを強めたり，楽しみを増したりするためのものである。例えば，七夕や端午などの節句，立春や立秋などの節気，正月などの伝統

2
生活科の
内容

39

行事，地域の行事などには，人々の願いや思いが織り込まれている。それらに関わることで，季節と人々との生活のつながりや人々の暮らしぶりを知ることができる。

それらの違いや特徴を見付けることができるとは，児童が身近な自然や行事に興味をもち，それらを観察したりそれらに関わったりすることを通して，そこには同じ性質や変化があること，異なる特徴や違いがあること，時間の変化や繰り返しがあること，などに注意を向け，自覚することである。そのためには，直接触れ合ったり繰り返し関わったりする体験活動を十分に行うとともに，自然の様子や生活の様子を比べたり，仲間分けしたりして考えることが大切になる。例えば，冬の朝，氷や霜柱を見付け，氷の冷たさを感じたり霜柱を踏んでサクサクという音を楽しんだりする。そのような遊びが毎朝の楽しみになると，氷や霜柱を探し始め，それらが同じ場所にできることを発見し，似たような場所を探し始める。秋の公園に出掛けドングリを拾って遊ぶ。たくさん集まると，大きさや形，色などで分けたり，並べたりして遊ぶ。こうして児童は，身近な自然の違いや特徴を見付けることができるようになる。また，地域にある様々な行事に関わり四季の変化を体験したり，季節の変化によって生活が変わっていくことを実感したりしていく中で，その違いや特徴を見付けることができるようになる。

自然の様子や四季の変化，季節によって生活の様子が変わることに気付くとは，身近な自然の共通点や相違点，季節の移り変わりに気付いたり，季節の変化と自分たちの生活との関わりに気付いたりすることである。例えば，近くの公園で春探しや秋探しを行うように，同じ場所に何度も出掛け，そこでの自然の特徴や変化に気付くようにすることが考えられる。すると，「春には緑色の葉っぱだったけど，秋には茶色になって地面に落ちていました。緑色の葉っぱもありましたが，地面には落ちていませんでした」と表現する姿が現れる。繰り返し出掛けることで，春の様子と比較し木の葉の色付きの様子や落葉の状況に気付くだけではなく，それらを関連付けて紅葉する秋の木々の様子に気付くようになる。そのためにも，一人一人の気付きを大切にし，それを振り返ったりみんなで交流したりすることが大切になる。そうすることで，気付きを自覚したり，関連付けたりしていくとともに，四季の変化が自分の暮らしとつながり，「秋は，きれいな色がいっぱいでいいな」「秋の実を集めて飾ったよ」など自らの生活に取り入れ，自分の生活の変化を生み出していることにも気付いていく。こうして児童は秋の季節感を確実に自分のものにしていく。そして，「秋っていいな」「すてきだな」と自らの生活に取り入れ生かそうとするのである。

それらを取り入れ自分の生活を楽しくしようとするとは，自然との触れ合いや行事との関わりの中で，気付いたことを毎日の生活に生かし，自分自身の暮らし

を楽しく充実したものにしようとすることである。

　活動を行う中で，児童は「教室に季節の花を摘んで飾ろう」「みんなで春を見付けに行こう」などと，身近な自然や季節の変化を自分たちの生活に取り入れようとする。そうした場面を取り上げ実際に行うことで，生活の中に自然や季節があることの心地よさや快適さ，清々しさなどを感じ，自らの生活を潤いのあるものにしていこうとするのである。

　なお，この内容は，他の内容との関連を図り，年間を通して継続的に扱うことも考えられる。特に，内容(3)地域と生活，内容(6)「自然や物を使った遊び」，内容(7)「動植物の飼育・栽培」，内容(8)「生活や出来事の伝え合い」とも適宜関連させて，創意工夫のある指導計画を作成することが大切である。

---

(6)　身近な自然を利用したり，身近にある物を使ったりするなどして遊ぶ活動を通して，遊びや遊びに使う物を工夫してつくることができ，その面白さや自然の不思議さに気付くとともに，みんなと楽しみながら遊びを創り出そうとする。

　児童は，目の前に砂場があれば，砂山を作りトンネルを掘る。近くに水があれば，それを流し，川に見立てて遊ぶ。落ち葉があれば，集めて投げあげ，「ふとんだよ」と寝転がる。また，友達が加われば，協力したり，競い合ったりしながら，遊びが次々と発展していく。ここには，自分から自然や物に関わろうとする姿や，より楽しく遊ぼうと知恵を出し合う姿，そして，自分の思いや願いを実現し，満足感を得たり，自分らしさを表出したり友達との関係をつくり出したりする姿が見られる。

　ここでは，身近な自然を利用したり，身近にある物を使ったりするなどして遊ぶ活動を通して，遊びや遊びに使う物を工夫してつくることができ，その面白さや自然の不思議さに気付くとともに，みんなと楽しみながら遊びを創り出すことができるようにすることを目指している。

　身近な自然を利用したり，身近にある物を使ったりするなどして遊ぶ活動とは，身近な自然の事物や現象を利用したり，身近にあって不要になった物などを使ったり，場所自体のもつ特徴を生かしたりして遊ぶことである。

　ここでいう**身近な自然**とは，児童を取り巻く自然の中から，児童が自分の遊びの目的のために選び出した自然のことであり，例えば，草花，樹木，木の実，木の葉，石，砂，土，光，影，水，氷，雨，雪，風などの事物や現象である。また，**身近にある物**とは，日常生活の中にある様々な物の中で，児童が遊びを工夫したり，遊びに使うものをつくったりするために使おうと選び出す事物のことで

あり，例えば，紙，ひも，ポリ袋，空き缶，空き箱，空き容器，ストロー，割りばし，ペットボトル，牛乳パック，紙コップ，トレイ，輪ゴム，磁石などである。

遊びや遊びに使う物を工夫してつくることができるとは，試行錯誤を繰り返しながら，遊び自体を工夫したり，遊びに使う物を工夫してつくったりして考えを巡らせることである。例えば，影踏み遊びでは，「影に入ると，逃げなくても大丈夫」「目の前に影を作って逃げると踏まれにくいよ」と光と影の関係を見付けて逃げ方を工夫したり，「木や建物の影を陣地にして，遊ぼう」と，他の遊びを真似してルールを改善したりしながら遊びを発展させていく。一方，動くおもちゃを作る遊びでは，「速く走る車を作りたい」と願い，友達の車と比べて「土台を軽くすればよい」と予想したり予測したりして考えるようになる。さらに，土台を空き箱から段ボールに変えて試したり，タイヤの付け方を工夫したり試行錯誤して何度も遊ぶ。ここで大切にしたいのが，「見付ける」「比べる」「たとえる」「試す」「見通す」「工夫する」などの学習活動である。

その面白さや自然の不思議さに気付くとは，遊びや遊びに使う物を工夫してつくることで，児童が，遊びの面白さとともに，自然の不思議さにも気付くことができるようにすることである。遊びの面白さとは，例えば落ち葉を踏みしめたり投げあげたりしてその感触を楽しむことなど，遊びに浸り没頭する遊び自体の面白さである。また，「鬼の数を増やしたら楽しくなるかな」と遊びの約束やルールを変えていくなど，遊びを工夫し遊びを創り出す面白さもある。さらに，「みんなでやると楽しいね」と友達と一緒に遊ぶことの面白さもある。

一方，**自然の不思議さ**とは，例えば，「土台を軽い段ボールに変えたのに，速く進まないよ」など，自分の見通しと事実とが異なったときに生まれる疑問などである。また，「ゴムを強く引っ張ったら高く飛んだよ」と，目に見えないものの働きが見えてくることや「アサガオの色水は，アサガオの花の色と同じだね」「風の向きによって，凧の上がり方が違うんだよ」と，自然の中にきまりを見付けることなどである。さらには，自然の事物や現象がもつ形や色，光や音など自然現象そのものが児童に与える不思議さもある。

ここでは，児童が遊びや遊びに使うものを工夫してつくることを通して，それらを実感するよう単元を構成したり学習環境を整えたりすることが大切である。また，一人一人の思いや願いを生かした多様な遊びを行い，それを確かにしていく表現活動を行うことが大切である。例えば，話したり書いたりすることで無自覚だった気付きが自覚されていく。また，伝え合い交流することにより一つ一つの気付きは関連付けられていく。振り返ったりまとめたりすることで，視点を変えて自分自身の成長や変容に気付いていくこともある。

みんなと楽しみながら遊びを創り出そうとするとは，自分と友達などとのつながりを大切にしながら，遊びを創り出し，毎日の生活を豊かにしていくことである。

遊びはそれ自体が楽しいことであるが，そこに友達との関わりがあると，更に楽しいものになる。競い合ったり力を合わせたりできるからである。友達との関わり合いを通して，約束やルールが大切なことや，それを守って遊ぶと楽しいことなどにも気付いていく。さらには，友達のよさや自分との違いを考えたり，相手の意見を尊重したりする態度も身に付く。遊びそれ自体が互いの関係を豊かにし，毎日の生活を充実したものにしていく。そうした豊かな生活の実現に向かう遊びを創り出していく姿が期待されている。

---

(7) 動物を飼ったり植物を育てたりする活動を通して，それらの育つ場所，変化や成長の様子に関心をもって働きかけることができ，それらは生命をもっていることや成長していることに気付くとともに，生き物への親しみをもち，大切にしようとする。

「モルモットって，抱っこするととってもあったかいね」「サツマイモの葉が，わたしの手よりも大きくなっていました」といった姿に見られるように，児童にとって動植物の飼育・栽培は，毎日が発見や感動の連続である。児童は自分の育てる動物や植物の成長を楽しみにしながら，日々の関わりを深めていく。例えば，「ぼくがえさをあげたらいっぱい食べてくれたよ」「ソフトクリームみたいなつぼみを見付けたよ。早く咲いてほしいな」などと，動植物を親しみと期待の目で見つめ，心を寄せながら世話をしていくようになる。

ここでは，動物を飼ったり植物を育てたりする活動を通して，それらの育つ場所，変化や成長の様子に関心をもって働きかけることができ，それらは生命をもっていることや成長していることに気付くとともに，生き物への親しみをもち，大切にできるようにすることを目指している。

動物を飼ったり植物を育てたりする活動とは，動物を飼育したり，植物を栽培したりする中で，動植物の成長の様子を見守ったり，動植物と触れ合い，関わり合ったりすることである。長期にわたる飼育・栽培の過程では，自ら関わっていくことで，児童の感性が揺さぶられるような場面が数多く生まれてくる。しかし，児童を取り巻く自然環境や社会環境の変化によって，日常生活の中で自然や生命と触れ合い，関わり合う機会は乏しくなってきている。このような現状を踏まえ，生き物への親しみをもち，生命の尊さを実感するために，継続的な飼育・栽培を行うことには大きな意義がある。

動物を飼ったり植物を育てたりとは，飼育と栽培のどちらか一方のみを行うのではなく，2学年間の見通しをもちながら両方を確実に行っていくことを意味している。動物を飼うことは，その動物のもつ特徴的な動きや動物の生命に直接触れる体験となる。また，植物を育てることは，植物の日々の成長や変化，実りが児童に生命の営みを実感させる。動物を飼うことも植物を育てることも，継続的に世話をし，繰り返し関わる過程で，生命あるものを大切にする心を育む価値ある体験となり，そのことが生命の尊さを実感することにつながる。

それらの育つ場所，変化や成長の様子に関心をもって働きかけるとは，動植物が育つ中でどのように変化し成長していくのか，どのような環境で育っていくのかについて興味や関心をもって，動植物に心を寄せ，よりよい成長を願って行為することである。

飼育・栽培の過程において児童は「もっと元気に育ってほしい」「もっと上手に育てたい」という願いをもつ。そして，その願いを実現するために，動物本来の生育環境や土，水，日照，肥料といった植物の生育条件に目を向けるようになる。「捕まえた場所に生えていた草も一緒に入れてあげよう」「大きくなるように日当たりのよい場所に置こう」などとそれらの育つ場所，変化や成長の様子に関心をもち，自ら働きかけるようになる。さらに，働きかける中で児童は，「違いがあるぞ」と変化や成長の様子を比べたり，「多分そうだろう」と予想して見通しを立てたり，「どうしてほしいのかな」と動植物の立場に立って考えたりするようになる。また，自らの働きかけに対して「どうだったかな」と反応や結果を考えたり，継続してきた活動を振り返って「だからそうなんだ」と自分とつなげて考えたりするようになる。

それらは生命をもっていることや成長していることに気付くとは，動植物の飼育・栽培を行う中で，動植物が変化し成長していることに気付き，生命をもっていることやその大切さに気付くことである。そこでは，動植物の特徴，育つ場所，世話の仕方，変化や成長の様子に気付くことはもちろん，それらと自分との関わりに気付いたり，自分自身の世話の仕方や世話してきた心持ちの変容などに気付いたりすることも大切にしたい。例えば，「葉っぱがだんだん大きくなりました。触ったらざらざらしていたよ」と，植物にある固有の特徴に気付いたり，大きくなっていくこと，変わっていくことなどに気付いたりしていく。キュウリにアサガオと同じようなつるが出てきたことを見付けた児童は，アサガオを育てた経験を想起してキュウリにも支柱を立てた。すると，「やっぱりつるが棒につかまってユラユラしなくなったよ」と同じ特徴や性質，変化があることに気付くことが考えられる。

「小屋の掃除をしました。おしっこやうんちがいっぱいありました。だけどぼ

くはシロちゃんが大好きです。シロちゃんを大事にしたいから，小屋をきれいにするお仕事をしました。ぼくはシロちゃんから，がんばる心と優しい心をプレゼントしてもらいました」ここには，動物が生命をもって生きていることや動物と自分との関わり方に対する気付きがある。頑張った自分，優しく接することができた自分自身にも気付いている。

　このような児童の姿が生まれるためには，繰り返し動植物と関わる息の長い学習活動を設定することが大切である。それらによって，動植物に対する親しみの気持ちが生まれ，責任感が育ち，生命の尊さも感じることができる。また，自分本位ではなく，動植物の立場に立って考えることができるようになる。そこに交流したり表現したりする学習活動を加えることで気付きの質の高まりも期待できる。こうして児童は動植物への親しみをもち，世話をする楽しさや喜びを味わい，思いや願いが膨らんでいくのである。

　生き物への親しみをもち，大切にしようとするとは，生き物に心を寄せ，愛着をもって接するとともに，生命あるものとして世話しようとすることである。児童は，生き物に繰り返し関わることで，生き物への接し方が変わってくる。活動の中で得られた喜びや自信が「今度は，別の野菜を育ててみたいな」「家でも飼ってみたいな」と自ら生き物に関わろうとする姿や，「元気かな。また会いたいな」「学校に行くのが楽しみだな」といった思いにつながる。こうして児童が生活を豊かにするとともに，どんな生き物に対しても，関心をもって働きかけようとする姿が生まれ，日々の生活が充実していくのである。

　なお，どのような動物を飼育し，植物を栽培するかについては，各学校が地域や児童の実態に応じて適切なものを取り上げることが大切である。飼育する動物としては，身近な環境に生息しているもの，児童が安心して関わることができるもの，えさやりや清掃など児童の手で管理ができるもの，動物の成長の様子や特徴が捉えやすいもの，児童の夢が広がり多様な活動が生まれるものなどが考えられる。栽培する植物としては，種まき，発芽，開花，結実の時期が適切なもの，低学年の児童でも栽培が容易なもの，植物の成長の様子や特徴が捉えやすいもの，確かな実りを実感でき満足感や成就感を得られるものなどの観点を考慮しながら選択することが考えられる。また，動物や植物との出会いを工夫することも大切である。

　この内容をより充実させていくに当たっては，毎日の学校生活の様々な場面に飼育・栽培活動を位置付けるようにするとよい。例えば，児童の生活場面での動きを考えて，登校してきた児童が朝一番にアサガオを見ることができるように，アサガオの鉢を児童の玄関に並べることなども考えられる。また，休み時間に動植物の世話をするなど，生活科を中心に一日の学校生活を設計することによっ

2
生活科の
内容

て，生活科の活動を日々の学校生活に取り入れることも考えられる。

　飼育や栽培の過程では，新しい生命の誕生や突然の死や病気など，身をもって生命の尊さを感じる出来事に直面することもある。成長することのすばらしさや尊さ，死んだり枯れたり病気になったりしたときの悲しさやつらさ，恐ろしさは，児童の成長に必要な体験である。動植物との関わり方を真剣に振り返り，その生命を守っていた自分の存在に児童自らが気付く機会と捉えることが大切である。

　なお，動物の飼育に当たっては，管理や繁殖，施設や環境などについて配慮する必要がある。その際，専門的な知識をもった地域の専門家や獣医師などの多くの支援者と連携して，よりよい体験を与える環境を整える必要がある。休日や長期休業中の世話なども組織的に行い，児童や教師，保護者，地域の専門家などによる連携した取組が期待される。また，地域の自然環境や生態系の破壊につながらないように，外来生物等の取扱いには十分配慮しなければならない。

　活動の前後には，必ず手洗いをする習慣を付け，感染症などの病気の予防に努めることも大切である。児童のアレルギーなどについても，事前に保護者に尋ねるなどして十分な対応を考えておく必要がある。

---

(8)　自分たちの生活や地域の出来事を身近な人々と伝え合う活動を通して，相手のことを想像したり伝えたいことや伝え方を選んだりすることができ，身近な人々と関わることのよさや楽しさが分かるとともに，進んで触れ合い交流しようとする。

　人との関わりが希薄化している現在，よりよいコミュニケーションを通して情報の交換をし，互いの交流を豊かにすることが求められている。特に生活科においては，児童が，身近な幼児や高齢者，障害のある児童生徒などの多様な人々と触れ合うことを大切にしている。これからの社会では，言葉だけではない様々な方法によって情報を伝え合う活動を行うことにより，互いの関係を一層豊かにし，社会の一員として誰とでも仲良く生活できるようになることが期待されている。

　ここでは，自分たちの生活や地域の出来事を身近な人々と伝え合う活動を通して，相手のことを想像したり伝えたいことや伝え方を選んだりすることができ，身近な人々と関わることのよさや楽しさが分かるとともに，進んで触れ合い交流できるようにすることを目指している。

　自分たちの生活や地域の出来事を身近な人々と伝え合う活動とは，人との関わりの中で，互いの立場や考えを尊重し，目的意識や相手意識をもって多様な方法

で交流し合うことである。

ここでいう**自分たちの生活や地域の出来事**とは，学校や家庭，地域における児童の生活の様子と，そこで起きた児童一人一人の心に残る出来事のことである。したがって，生活科の学習活動における様々な出来事も伝え合う活動の対象となり，そこでは，情報が一方向ではなく，双方向に行き来することが大切になる。

この活動では，直接話しかけることなど，言葉を中心にした伝え合う活動が活発に行われるが，表情やしぐさ，態度といった言葉によらない部分も大切にされなければならない。例えば，自分のことについて伝えている話し手の児童は，自分の方を向いて笑顔でうなずきながらじっくりと聞いてくれる相手の態度を見て，うれしいと感じる。そのうれしい気持ちは，自分が受け入れられたことへの喜びであり，「もっと伝えたい」という意欲につながる。逆に，聞き手の児童は，笑顔で生き生きと表現する姿に引き込まれ，本気になって聞き取ろうとするものである。伝え合う活動においては，言葉による交流だけではなく，感情の交流も行われることを重視しなければならない。

相手のことを想像したり伝えたいことや伝え方を選んだりするとは，相手のことを思い浮かべたり，相手の立場を気にかけたりするとともに，伝えたいことが相手に伝わるかどうかを判断して伝える内容や伝える方法を決めることである。そのためには，「家の人には学校での出来事を伝えた方がいいかな」「幼稚園の子にも楽しさが分かるようにするために，劇で伝えるよ」「感謝の気持ちをしっかりと伝えたいから，手紙にするよ」など，相手意識や目的意識を明らかにすることが大切である。ここで児童は，誰を対象とするのか，何を伝えるのか，どのような方法で伝えるのかについて考えていく。このような活動を通して，相互の違いを認めて理解し合うことや受け入れることの重要性に気付いていくとともに，そこでは，様々な立場や考え方があることを理解し，共感するとともに，身近な人々と関わることのよさや楽しさが分かるようになる。

身近な人々と関わることのよさや楽しさが分かるとは，自分のことや伝えたいことが相手に伝わることや，相手のことや相手が伝えたいと考えていることを理解できることのよさや楽しさが分かることである。また，双方向のやり取りを繰り返す中で，互いの気持ちがつながり，心が豊かになることも大切である。そのためにも，単元計画の中に継続的に関わることのできる対象を設定することが大切である。継続的に関わり，共に活動を進めていくことができるようにすることで，互いの思いを伝えたり，伝え合ったりする場面を何度も設定することが可能となる。

伝え合う活動を通して，関わったり触れ合ったりすることの心地よさ，自分にも相手にも伝えたいことがあることなどに気付く。それが繰り返される中で，相

手や目的に応じた伝え方があることなどに気付いていく。そして，「幼稚園の友達と一緒に，秋のおもちゃランドをつくろう」など，共に関わる中で目的を達成していくことで，相手のことや相手が伝えたいと考えていることを理解することのよさや楽しさを実感していくのである。

進んで触れ合い交流しようとするとは，互いのことを理解しようと努力し，積極的に関わっていくことで，自ら協働的な関係を築いていこうとすることである。今回の改訂では，「触れ合い」という文言が加わった。これは，言語によらない関わりを含め，多様な方法によって能動的に関わり合っていこうとする態度を期待するものである。

児童にとって，関わることのよさや楽しさを味わえる身近な存在は，友達である。友達との学習活動を積み重ねながら，学校から地域へと少しずつ関わる対象を広げていくようにすることが大切である。例えば，学校を探検して発見したことを友達に伝える活動を繰り返し，徐々に活動の範囲を地域へと広げていくことが考えられる。地域では，目的に応じて調べたりインタビューしたり体験したりして情報を集め，それを地域の人に伝えたり，発信したりする活動が考えられる。こうしたことを繰り返して行う中で，児童は互いに交流することの楽しさを実感し，更に進んで触れ合い交流していこうとする。また，幼児との交流も，児童にとっては，関わることのよさや楽しさを実感する有効な機会となる。幼児との交流を通して相手意識が生まれ，「分かりやすく伝えよう」「相手の気持ちを考えよう」といった気持ちが高まる。そうした中で成立した幼児との豊かなコミュニケーションは，児童にとって大きな達成感や成就感につながるものであり，更なる交流の動機付けとなる。

こうした活動においては，児童が伝えたいことを伝えるとき，話したり書いたりする言葉による方法のほかに，絵や身体表現などの様々な方法が考えられる。また，手紙や電話，ファックスなどの多様な手段を活用できるようにすることに心掛けることも大切である。

なお，この内容は，ほかの全ての内容との関連を図り，単元を構成していくことが考えられる。その際には，伝えたいという強い思いや願いを児童が心に抱くよう，活動や体験を充実させることが重要になる。「おばあちゃんと野菜の話がいっぱいできてうれしかった。おばあちゃんは水をあげるとき，大きくなあれという気持ちを込めて水をあげるんだって。わたしもそうしてみよう」と話す言葉に，栽培活動の充実が，伝え合う活動の動機付けになっていることが分かる。それと同時に，交流したことが，地域との関わりを豊かなものにしていることも分かる。このように，支え合い，補い合い，互いの内容を充実させていくことが望まれる。

(9) 自分自身の生活や成長を振り返る活動を通して，自分のことや支えてくれた人々について考えることができ，自分が大きくなったこと，自分でできるようになったこと，役割が増えたことなどが分かるとともに，これまでの生活や成長を支えてくれた人々に感謝の気持ちをもち，これからの成長への願いをもって，意欲的に生活しようとする。

「あや跳びが続けてできたとき，友達が一緒に喜んでくれたよ」「たくさんの人の前で，発表することができたよ」「上級生みたいにほうきを上手に使って，自分たちだけで掃除ができるようになったよ」と自分の成長を具体的に実感し，その喜びを感じ，感謝の気持ちをもつことは，夢や希望をもって，前向きに生活していくために大切なことである。

ここでは，自分自身の生活や成長を振り返る活動を通して，自分のことや支えてくれた人々について考えることができ，自分が大きくなったこと，自分でできるようになったこと，役割が増えたことなどが分かるとともに，これまでの生活や成長を支えてくれた人々に感謝の気持ちをもち，これからの成長への願いをもって，意欲的に生活できるようにすることを目指している。

自分自身の生活や成長を振り返る活動とは，それまでの生活や出来事を思い浮かべ，過去の自分と現在の自分とを比較することで，自分自身の生活や成長を見つめ直すことである。振り返ることで，自分自身の成長や変容について考え，自分自身についてのイメージを深め，自分のよさや可能性に気付いていくことにつながることが期待できる。

自分のことや支えてくれた人々について考えるとは，現在の自分を見つめ，過去の自分と比べることで，自分らしさや成長し続ける自分を実感することである。また，自分の成長を支えてくれた様々な人の存在，自分の成長についての様々な人との関わりを明らかにすることである。そのためにも，自分自身の生活や成長を振り返ることが欠かせない。

しかし，低学年の児童にとって，自分の成長を頭の中だけで振り返ることは難しいため，具体的な手掛かりが必要である。それぞれの児童が自分の成長を振り返る手掛かりとして，例えば，父母や祖父母，親せきの人々，幼稚園や認定こども園・保育所の保育者などの話，幼い頃に使ったものなどが考えられる。入学当初に書いた自分の名前や絵，行事等のスナップ写真，生活の中でのエピソードなども手掛かりとなろう。また，幼稚園の頃の写真から自分の成長を実感することや，家族へのインタビューを手掛かりに役割が増えたことに気付くことも考えられる。

なお，どの時点から自分の成長を振り返り実感するかは，児童によって異なる。よく覚えていることから振り返る児童もいれば，現在の自分から振り返る児童もいよう。大切なのは，自分の成長を実感できることであって，一律に過去から順にたどることではない。こうした観点に立って，振り返りの時点については，特に，入学してから，誕生してから，というような示し方をしていない。

　自分が大きくなったこと，自分でできるようになったこと，役割が増えたことなどが分かるとは，体が大きくなるなどして心も体も成長したこと，技能が習熟し様々なことができるようになったこと，自分の役目が増え役目を果たすことができるようになったことなどに気付くことである。例えば，去年着ていた服が着られなくなったことから体が大きくなったことを実感したり，そのことに関連して食べ物の好き嫌いが減り，給食で食べる量が増えたことに気付いたりすることなどが考えられる。また，ある児童は，使い古した跳び縄を手掛かりに振り返る中で，たくさんの技ができるようになったことだけではなく，友達や兄姉が練習を手助けしてくれたことを思い浮かべるかもしれない。あるいは，家で食事の片付けやお風呂掃除など，自分でできることが増え，家族の役に立てたことを思い出すかもしれない。

　加えて，優しい気持ち，他者への思いやり，我慢する心など，内面的な成長に気付きの質を高めていくことも大切である。そのためにも，幼稚園や認定こども園・保育所の幼児などと触れ合う活動を通して自己の成長を実感すること，生活科における学習カードや作品などを利用し長期にわたる自己の変容を捉えること，友達や周囲の人の意見や感想によって自分の成長を見つめ直すこと，などの工夫が考えられる。

　このように振り返るきっかけとなるものを広げながら，それぞれの児童が自分の成長を多面的に振り返るとともに，自分の成長を支えてくれた人々との関わりを意識していくことが大切である。このような活動を通して，これからの成長への期待が膨らむとともに，自分の成長を支えてくれた人々に対する感謝の気持ちが芽生えてくることになる。

　これまでの生活や成長を支えてくれた人々に感謝の気持ちをもち，これからの成長への願いをもって，意欲的に生活しようとするとは，成長した自分を実感し，それを支えてくれた人に対する感謝の気持ちをもつとともに，成長の喜びが更なる成長を願う心につながっていくことである。それらは，それぞれの目標に向けて努力したり挑戦したりして主体的に関わるなど，意欲的に活動する姿になって現れてくる。これからの自分の成長に期待を寄せ，意欲的に生活することは，自立し生活を豊かにする上で大きな意義をもっている。

　なお，自分の成長への気付きは，この内容だけに限らず，生活科の全ての内容

の中で捉えていくことができる。各内容との関連を意識し，年間を見通した計画的な学習活動を構想することが必要である。具体的な指導に当たっては，あらゆる場面において児童の成長を捉え，タイミングを逃さず，認めたり励ましたりしていくことを心掛ける必要がある。

　また，活動によっては，児童の誕生や生育に関わる事柄を扱ったり，家族へのインタビューを行ったりするような場合も考えられるため，プライバシーの保護に留意するとともに，それぞれの家庭の事情，特に生育歴や家族構成などに十分配慮することが必要である。

**2
生活科の
内容**

第4章　指導計画の作成と内容の取扱い

● 1　指導計画作成上の配慮事項

　1　指導計画の作成に当たっては，次の事項に配慮するものとする。

(1)　年間や，単元など内容や時間のまとまりを見通して，その中で育む資質・能力の育成に向けて，児童の主体的・対話的で深い学びの実現を図るようにすること。その際，児童が具体的な活動や体験を通して，身近な生活に関わる見方・考え方を生かし，自分と地域の人々，社会及び自然との関わりが具体的に把握できるような学習活動の充実を図ることとし，校外での活動を積極的に取り入れること。

　この事項は，生活科の指導計画の作成に当たり，児童の主体的・対話的で深い学びの実現を目指した授業改善を進めることとし，生活科の特質に応じて，効果的な学習が展開できるように配慮すべき内容を示したものである。

　生活科の指導に当たっては，目標にしている，(1)「知識及び技能の基礎」が習得されること，(2)「思考力，判断力，表現力等の基礎」を育成すること，(3)「学びに向かう力，人間性等」を涵養することの三つが偏りなく実現されるよう，単元など内容や時間のまとまりを見通しながら，主体的・対話的で深い学びの実現に向けた授業改善を行うことが重要である。

　児童に生活科の指導を通して「知識及び技能の基礎」や「思考力，判断力，表現力等」の育成を目指す授業改善を行うことはこれまでも多くの実践が重ねられてきている。そのような着実に取り組まれてきた実践を否定し，全く異なる指導方法を導入しなければならないと捉えるのではなく，児童や学校の実態，指導の内容に応じ，「主体的な学び」，「対話的な学び」，「深い学び」の視点から授業改善を図ることが重要である。

　主体的・対話的で深い学びは，必ずしも1単位時間の授業の中で全てが実現されるものではない。単元など内容や時間のまとまりの中で，例えば，主体的に学習に取り組めるよう学習の見通しを立てたり学習したことを振り返ったりして自身の学びや変容を自覚できる場面をどこに設定するか，対話によって自分の考えなどを広げたり深めたりする場面をどこに設定するか，学びの深まりをつくりだすために，児童が考える場面と教師が教える場面とをどのように組み立てるか，といった視点で授業改善を進めることが求められる。また，児童や学校の実態に応じ，多様な学習活動を組み合わせて授業を組み立てていくことが重要であり，

単元のまとまりを見通した学習を行うに当たり基礎となる知識及び技能の習得に課題が見られる場合には，それを身に付けるために，児童の主体性を引き出すなどの工夫を重ね，確実な習得を図ることが必要である。

主体的・対話的で深い学びの実現に向けた授業改善を進めるに当たり，特に「深い学び」の視点に関して，各教科等の学びの深まりの鍵となるのが「見方・考え方」である。各教科等の特質に応じた物事を捉える視点や考え方である「見方・考え方」を，習得・活用・探究という学びの過程の中で働かせることを通じて，より質の高い深い学びにつなげることが重要である。

生活科の教科目標で示された「自立し生活を豊かにしていくための資質・能力」は，一つ一つの単元や年間を通した授業の積み重ねによって総合的に育成されていく。したがって，「年間」という文言が付け加えられているのは，生活科の特質による固有なものである。

「資質・能力」の育成のためには，「主体的・対話的で深い学びの実現に向けた授業改善を図る」ことが鍵となる。単に思いや願いを実現する体験活動を充実させるだけではなく，表現活動を工夫し，体験活動と表現活動とが豊かに行き来する相互作用を重視するなど，気付きの質を高めることを意識することが大切である。このことは，第1章総則第3の1の(1)にも示されているように，今回の改訂における重要な改善点である。

その際，これまでと同様に**具体的な活動や体験**を行う中で，身近な人々，社会及び自然を自分との関わりで捉え，よりよい生活に向けて思いや願いを実現しようとするという**身近な生活に関わる見方・考え方**を生かした学習が行われる。

こうした生活科の固有な学びの中では，自分と地域の人々，社会及び自然との関わりが具体的に把握できるような学習活動の充実が一層求められる。**自分と地域の人々，社会及び自然との関わりが具体的に把握できるような学習活動**とは，自分も地域の人々，社会及び自然の中で生活している者の一人であり，よりよい生活者になることを願って生活している者として，地域の人々，社会及び自然などを捉えることである。そのためには，実際に地域の人と話をしたり，地域の施設を利用したり，地域の自然に触れたりするなどの直接関わる活動や体験を行うことが欠かせない。

例えば，公共施設を利用する活動では，地域の公共施設に行き，そこで行われていることに参加したり，そこで指導してくれる人に出会ったりして，自分と公共施設との関わりを具体的に把握できるようにする。そうした活動がきっかけとなり，家庭の協力も得ながら，公共施設を日常的に利用できるようになることが望まれる。自分との関わりが具体的に把握できるような学習活動を行うに当たっては，児童が身近な環境に関心をもち，それらに直接働きかけ，そこから返って

くることを受け止め，更に工夫するなどして新たに働きかけができるような学習活動を行うことが大切である。

校外での活動を積極的に取り入れるとは，児童がその場に行き，その場の環境に身を置き，そこでの事実や実物に触れる活動ができるようにすることである。それは，活動や体験を通して学ぶという生活科の本質に根ざしたものであり，一層重視することが望まれる。しかし，今日の社会情勢の中で校外活動を行うに当たっては，交通や活動場所に対する安全，自然災害に対する安全，見知らぬ人への対応，緊急の連絡方法などについて十分配慮する必要がある。児童の安全を見守ってもらうために，保護者や地域の人々の理解と協力を得ることも欠かせない。また，十分な活動時間を保障した上で，児童が安心して活動できる空間の確保に努めることも大切である。

内容(8)「生活や出来事の伝え合い」と他の内容との関連を図った単元を構成することにより，それぞれの内容が補い合い支え合って成果を上げることが考えられる。例えば，児童が地域を探検する活動では，地域の特徴やそこで働く人などに目を向け，多くのことに気付く。その中でも，不思議に思ったことや詳しく聞いてみたいことなどを繰り返しインタビューしたり調査したりして，新しい情報や自分だけの情報を収集していく。また，集めた情報を新聞やポスターにまとめたり，パンフレットにしたりして地域の人たちに発信していくことも考えられる。さらには，地域についての発表会に発展することもある。こうした活動の過程においては，手紙や電話，ファックスなどを使って情報のやり取りをすることや，情報を収集したり発信したりする活動が想定される。こうして，身近な人々と関わる楽しさを実感し，地域の人々と交流し続けようとすることが期待される。

なお，校外活動を行うに当たっては，十分な活動時間を保障した上で，児童が安心して活動できる空間の確保に努めるとともに，今日の社会情勢等を踏まえ，交通や活動場所に対する安全，自然災害に対する安全，見知らぬ人への対応，緊急の連絡方法などについて十分配慮する必要がある。その際，児童の安全を見守ってもらうために，保護者や地域の人々の理解と協力を得ることも考えられる。また，遊ぶために物をつくる活動を行うに当たっては，様々な道具を使うことなどが考えられる。その際，道具の安全な使い方を確実に指導することはもちろんのこと，決められたコーナーで道具を使うようにしたり，使い終わった道具を所定の場所に戻したりするなど，使用中の安全管理を徹底することが必要である。

(2) 児童の発達の段階や特性を踏まえ，2学年間を見通して学習活動を設定
すること。

　小学校低学年は，幼児期の教育と小学校教育との接続の時期に位置し，2学年
間で，幼児期の発達の特性を強く残している状況から児童期の特性を示すように
なるなど，身体面での成長はもちろんのこと，情緒的側面や認知的側面において
も発達の変容が大きい。

　ここで改めて**児童の発達の段階や特性を踏まえ，2学年間を見通して学習活動
を設定すること**と規定されたのは，低学年の2学年間での児童の情緒的側面や認
知的側面での成長を把握すること，その時期の特性に見合った計画を立てること
の重要性を再認識することが大切だからである。

　つまり，九つの内容を実現する学習活動が，教える側の一方的な都合で計画さ
れるのではなく，児童の発達の段階や特性に適合しているかを吟味した上で単元
を構成し，2学年間を見通して効果的に配置することを今まで以上に心掛ける必
要がある。その際，スタートカリキュラムが編成される第1学年前半の時期，社
会科や理科，総合的な学習の時間などをはじめとする各教科等への接続を意識す
る第2学年後半の時期といった，2年間での児童の成長やその際に見せる空間認
識や時間認識などの認知の特性の違いを意識し，それらを教師が自覚して学習活
動に反映させることが考えられる。重要なことは，2年間の児童の発達や成長を
見通して単元を構成し，配列することであり，そのことこそが正にカリキュラム
をデザインすることでもある。

　例えば，内容(1)の学習においては，入学直後の新しい環境に対する興味・関心
をきっかけにして，いわゆる「学校探検」を通して，自分を中心にした身の回り
の人・もの・ことへの関わりを深める等の活動が考えられる。このことがひいて
は，新しい環境に関する認識の深まり，順応そして安心へと結び付いていくもの
と考えられる。この空間の認知の特性を生かした取組として，例えば，学校の外
に出掛けて行う内容(4)の学習においても，第1学年では，身近でより愛着度の高
い公共施設としての「公園」に着目し，中でも日常生活において親しみの深い
「遊具」を通して，公共物やそれを利用したり管理したりする「人」への気付き
の質を高める取組が考えられる。一方，第2学年では，児童の生活圏の広がりと
空間の認識の広がりから，内容(3)の学習として学校の周辺の探検を通して，身近
な商店街や公共施設に着目し，お気に入りの場所や人との関わりをきっかけに気
付きの質を高める取組が考えられる。こうした取組の積み重ねが，第3学年以上
の学習を支える。

1
指導計画作
成上の配慮
事項

また，内容(6)においては，幼児期の教育における経験を生かした活動とその発展という形で，第1学年では，素材そのものの特性を生かした遊びを通して，素材そのものへの気付きを意図した活動を行うことが考えられる。第2学年では，素材を組み合わせたおもちゃづくりとそれに伴う遊びを友達と協力して行うことを通して，よりその面白さや自然の不思議さを意識した活動を行うことが考えられる。こうした取組の充実が，ひいては第3学年以上の学習を支える科学的な認識の基礎となる。

　さらに，内容(7)においては，入学直後まで見られるアニミズム的な見方を生かした学習活動が考えられる。植物や動物を人に見立て，自分がその養育者となることで，植物栽培や動物飼育といった学習活動への自我関与を強め，活動への意欲の持続を図ることが考えられる。自我関与が強ければ強いほど，対象に関する気付きの質は高まるであろう。そうした取組の上に，第2学年における飼育・栽培では，それぞれの思いや願いを更に生かすために，一人一人が自己選択できるような学習材を用意し，細部にわたる観察などを行うことが考えられる。また，この時期の特性として，共通体験に基づいて交流することが気付きの質の高まりに影響することから，どのような植物や動物を扱い学習の対象とするかは極めて重要である。

　以上のように，九つの内容を踏まえた学習活動を，児童の発達の段階や特性と結び付けて単元として構成するだけでなく，カリキュラム・マネジメントの視点から，単元相互の関係を意識し配列することも重要な視点である。

---

(3)　第2の内容の(7)については，2学年間にわたって取り扱うものとし，動物や植物への関わり方が深まるよう継続的な飼育，栽培を行うようにすること。

　9項目の内容を第1学年と第2学年にどのように配置するかは，本解説第4章1の(2)で述べたように，児童の発達の段階や特性や成長を踏まえて，2学年間を見通して活動を設定することとしている。それは，各学校の判断に委ねられているが，第2の内容の(7)については，従前より2学年間にわたって取り扱うこととしている。

　2学年間にわたって取り扱うとは，第1学年でも第2学年でも取り扱うということである。これは，飼育・栽培という活動の特性から1回限りの活動で終わるのではなく，経験を生かし，新たな目当てをもって，繰り返したり長期にわたったりして活動することを意図したものである。

　2学年間にわたって取り扱う場合，その取扱い方を創意工夫する必要がある。

例えば，第1学年では飼育，第2学年では栽培（又はその逆）を行う方法や，第1学年でも第2学年でも飼育と栽培の両方を行う方法があろう。また，例えば，小動物を育てながら一緒に野菜などを栽培して，その一部を小動物のえさにする方法もあろう。栽培では第1学年の春から秋にかけて行い，引き続いて第2学年の春にかけて行う方法も考えられる。各学校において，児童の実態，飼育・栽培に関する環境，活動のねらいに応じて創意工夫することが求められる。

2学年間にわたっての継続的な飼育・栽培を行うことが特に強調されたのは，前回の改訂からである。これは，自然事象に接する機会が乏しくなっていることや生命の尊さを実感する体験が少なくなっているという児童の置かれた現状を踏まえたものであるが，今回の改訂においても，引き続き充実を図ることが必要である。**動物や植物への関わり方が深まるよう継続的な飼育，栽培を行う**とは，一時的・単発的な動植物との関わりにとどまるのではなく，例えば，季節を越えた飼育活動で成長を見守ること，開花や結実までの一連の栽培活動を行うことなどである。そのような活動を通してこそ，動植物どちらの場合も生命の尊さを実感することができると考えられる。児童は，長期にわたる飼育・栽培を行うことで，成長や変化，生命の尊さや育て方など様々なことに気付き，親身になって世話ができるようになるのである。

---

(4) 他教科等との関連を積極的に図り，指導の効果を高め，低学年における教育全体の充実を図り，中学年以降の教育へ円滑に接続できるようにするとともに，幼稚園教育要領等に示す幼児期の終わりまでに育ってほしい姿との関連を考慮すること。特に，小学校入学当初においては，幼児期における遊びを通した総合的な学びから他教科等における学習に円滑に移行し，主体的に自己を発揮しながら，より自覚的な学びに向かうことが可能となるようにすること。その際，生活科を中心とした合科的・関連的な指導や，弾力的な時間割の設定を行うなどの工夫をすること。

低学年教育の充実と生活科の位置付け

今回の改訂では，これまで以上に低学年教育の充実が求められている。心と体を一体的に働かせて学ぶ低学年の特性から，幼児期における遊びを通した総合的な学びを生かし，具体的な活動や体験を通して感性を豊かに働かせるとともに，身近な出来事から気付きを得て考えることが行われるなど，中学年以降の学習の素地を形成していくことが重要である。

低学年における教科等の学習は，発達の段階等を踏まえて互いに関連付けて展開することが大切である。生活科においても，他教科等との関連が求められ，そ

の指導に当たっては，これまでも，低学年教育全体を視野に入れることが求められてきた。今回の改訂では，低学年教育の充実の観点から，更に他教科等との関連を意識し，これまで例示されてきた国語科，音楽科，図画工作科はもちろんのこと，低学年の全ての教科等と生活科との関連を図り，指導の効果を高めていくことが求められている。このことは，児童の意識に沿った活動を展開する上でも，積極的に取り組む必要がある。これについては，第1章総則第2の4の(1)において，「(前略) 低学年における教育全体において，例えば生活科において育成する自立し生活を豊かにしていくための資質・能力が，他教科等の学習においても生かされるようにするなど，教科等間の関連を積極的に図り，幼児期の教育及び中学年以降の教育との円滑な接続が図られるよう工夫すること（後略）」と示されている。

　また，今回の改訂では，幼児期の教育から小学校，中学校，高等学校までを含めた全体を見通し，育成を目指す資質・能力を整理してきた。あわせて，幼稚園教育要領等において「幼児期の終わりまでに育ってほしい姿」がまとめられ，幼児期の遊びや生活を通じて育まれる自立心や協同性，思考力の芽生えなどの大切さについて，共通理解が図られるようになり，幼児期の教育と小学校教育との円滑な接続を図るための手掛かりが示された。この手掛かりを基に，小学校入学当初において生活科を中心としたカリキュラムのデザインを行うことで，小学校へ入学した児童が，安心して学校生活を送るとともに，自信をもって成長し，学習者として確かに歩んでいくようになることが期待される。

　これらのことは，生活科が，低学年における教育全体の充実を図る上で重視すべき方向を表しており，教科等間の横のつながりと，幼児期からの発達の段階に応じた縦のつながりとの結節点であることを意識することが重要である。

他教科等との関連

　他教科等との関連では，生活科と他教科等との合科的・関連的な指導を行ったり，低学年の児童の生活とつながる学習活動を取り入れたりして，教科等横断的な視点で教育課程の編成，実施上の工夫を行うことが重要である。それにより，生活科における学習活動が他教科等での題材となったり，生活科で身に付けた資質・能力を他の教科等で発揮したり，他教科等で身に付けた資質・能力が生活科において発揮されたりして確かに育成されるなど，一層の学習の効果が期待できる。

　ここでいう合科的な指導とは，各教科のねらいをより効果的に実現するための指導方法の一つで，単元又は1コマの時間の中で，複数の教科の目標や内容を組み合わせて，学習活動を展開するものである。また，関連的な指導とは，教科等

別に指導するに当たって，各教科等の指導内容の関連を検討し，指導の時期や指導の方法などについて相互の関連を考慮して指導するものである。

一人の児童の学びは，個別の教科内で閉じるものではなく，それぞれの学びが相互に関連付き，つながり合っている。生活科と他教科等において，学んだことがどのように関連付いていくのかを意識し，児童の思いや願いを生かした学習活動を展開するために，1年間の全ての単元を配列し，それを俯瞰することができる単元配列表の作成が効果的である。

他教科等との関連を図った指導の在り方として，具体的には次のようなことが考えられる。

第1は，生活科の学習成果を他教科等の学習に生かすことである。

生活科の内容には，他教科等へ発展する可能性をもっているものが多い。例えば，季節の変化と生活に関する学習活動では，身近な自然を観察したり全身で感じたりする。そうした活動を通して，自然の変化や四季それぞれの美しさを豊かに感じ取ることが，言葉，絵，動作，劇化などの多様な方法によって表現したくなる気持ちにつながる。それは，国語科，音楽科，図画工作科，体育科などにおける学習活動の動機付けとなったり，題材となったりする。

特に，国語科との関連では，見たり，探したり，育てたり，作ったりしたことが，例えば，書くことを見付け，伝えたいことを明確にすること，自分の思いや考えを明確にすることなどへ発展することが考えられる。また，生活科における豊かな体験を，国語科における，報告する文章や記録する文章などを書く言語活動，日記や手紙などを書く言語活動などの題材として活用することは，表現することへの有効な動機付けとなる。

また，音楽科との関連では，例えば，身近な自然を観察したり身の回りのものを使って遊んだりする体験が，曲想と歌詞の表す情景や気持ちとの関わりについて気付くこと，音遊びを通して音楽づくりの発想を得ることなどに発展する可能性をもっている。

体育科との関連においても，例えば，カタツムリ，ダンゴムシ，バッタ，カマキリなどの生き物をつかまえたり育てたりして生き物に触れ，様子や動きを観察した経験が，身近な題材の特徴を捉え，そのものになりきって全身の動きで楽しく踊るといった表現遊びのきっかけになることも考えられる。

指導に当たっては，他教科等には，それぞれの目標や内容があるので，生活科の目標や内容の実現とともに，関連する他教科等の目標や内容が一層効果的に実現できるよう配慮する必要がある。そのためには，単に題材や活動を関連付けるだけでなく，そのことを通して，それぞれの教科でどのような資質・能力を育成したいのかを意識する必要がある。

1
指導計画作成上の配慮事項

第2は，他教科等の学習成果を生活科の学習に生かすことである。

生活科の学習効果を上げるためには，児童が他教科等において身に付けた資質・能力を適切に生かして活動を展開する必要がある。これによって，児童は資質・能力を一層確かなものとして身に付けることになる。

例えば，算数科では，長さの単位について知り，測定の意味を理解することや，身の回りにある数量を分類整理し，簡単な表やグラフを用いて表したり読み取ったりすることなどの知識及び技能を育てる。こうした学習の成果が，生活科において野菜などを育てる過程で，茎やつるの長さの変化を記録したり，花の数や収穫した野菜の数などを整理したりする際に発揮され，栽培活動における気付きを確かなものにしていく。また，生活科の遊ぶ活動である的当てゲームなどでは，「この的は大きくて当たりやすいから3点」，「これは少し難しいから5点」，「一番遠いのは10点にしよう」などと，児童は遊びを面白くするために得点やルールなどを工夫していく。そして，算数科で学んだ整理の仕方や計算などの知識及び技能を活用して結果を集計し，友達と比べ合ったりする。こうした活動は，今回の改訂において算数科が目指している「算数で学んだことを生活や学習に活用する態度を養う」ことにもつながることである。

図画工作科では，絵や立体，工作に表す活動を通して，身近で扱いやすい材料や用具に十分慣れるようにする。ここで扱い慣れた土，粘土，木，紙，クレヨン，パス，はさみ，のり，簡単な小刀類などの材料や用具は，生活科での遊びや遊びに使うものを工夫してつくる活動に生かされ，それらの資質・能力は確かなものとして身に付いていく。

このように，他教科等の学習成果を生活科の学習活動の中で適切に生かすためには，相互の関連について検討し，指導計画に位置付けておく必要がある。

第3は，教科の目標や内容の一部について，これを合科的に扱うことによって指導の効果を高めることである。

生活科においては，生活科の特質や低学年の児童の発達の特性などを考慮して，単元又は1コマの時間の中で，複数の教科の目標や内容を組み合わせて，児童が具体的かつ総合的に学習できるように工夫することが考えられる。その際，関連した教科の目標が，生活科の目標と共に実現されていくように配慮しなければならない。例えば，児童が生活科における活動を歌や踊り，劇によって表現する単元の展開が考えられる。生活科の活動を基に発表内容を創り上げる際に，国語科，音楽科，図画工作科，体育科等の目標も効果的に達成することが考えられる。

中学年以降の教育への接続

　生活科では，以上のような合科的・関連的な指導を展開することが求められている。それにより，児童の思いや願いを生かし，主体的な活動が実現できるからである。低学年の時期に，思いや願いを存分に発揮しながら体験を通して学ぶことで，中学年以降の学びを支える資質・能力を育成していくことにつながる。

　中学年は，社会科や理科の学習が始まるなど，具体的な活動や体験を通じて低学年で身に付けたことを，より各教科の特質に応じた学びにつなげていく時期である。指導事項も次第に抽象的になっていく段階であり，そうした学習に円滑に移行できるような指導上の配慮が必要である。そこで，低学年においては，低学年の児童の未分化で一体的な学びの特性を生かし，幼児期に育まれた資質・能力を発揮するとともに，体験と言葉を使って学ぶなどの特性を踏まえた生活科の学習の充実が，第3学年以降の社会科や理科などのより系統的な学習や，各教科等の「見方・考え方」を生かして探究的に学ぶ総合的な学習の時間に発展的につながっていくことを意識することが大切である。

幼児期の終わりまでに育ってほしい姿との関連

　今回の改訂では，幼稚園教育要領等に示す「幼児期の終わりまでに育ってほしい姿」との関連を考慮することが求められている。幼児期の教育においては，幼児の自発的な活動としての遊びを中心とした生活を通して，一人一人に応じた総合的な指導を行っている。幼児期の遊びは学びそのものであり，遊びを通して達成感や満足感を味わったり，葛藤やつまずきなどの体験をしたりすることを通して様々なことを学んでいる。こうした日々の遊びや生活の中で資質・能力が育まれている幼児の具体的な姿をまとめたものが，「幼児期の終わりまでに育ってほしい姿」である。小学校においては，こうした具体的な育ちの姿を踏まえて，教育課程をつないでいくことが重要である。

小学校入学当初に大切にしたいこと

　今回の改訂においては，小学校入学当初に求められることとして，**幼児期における遊びを通した総合的な学びから他教科等における学習に円滑に移行し，主体的に自己を発揮しながら，より自覚的な学びに向かうことが可能となるようにすること**が新たに示された。

　幼児期における遊びを通した総合的な学びは，遊びや生活の中で，感性を働かせてよさや美しさを感じ取ったり，不思議さに気付いたり，できるようになったことなどを使いながら，試したり，いろいろな方法を工夫したりすることなどを通じて育まれるものである。幼児は，遊びの楽しさを体いっぱいに感じながら，

1
指導計画作
成上の配慮
事項

61

試行錯誤し，仲間と協同し，工夫し発見する楽しさを見いだしていく。そうした学びは，これが国語科，これが算数科などと分けられるものではないが，例えば，水道から樋をつないで水を流そうとして，水がこぼれないような仕組みを幼児同士で何度も試したりすることや，自分たちで考えた話を人形劇にして年少の幼児に見てもらおうと，身近にある段ボールで舞台を作ったり，紙やテープなどの素材を生かして，色や形を工夫して飾りつけた小道具を作ったりすることなど，小学校以降の学習の基盤は幼児の姿の中に確かにある。そうした学びを，小学校の生活科を中心とした学習において発揮できるようにし，児童の思いや願いをきっかけとして始まる学びが自然に他教科等の学習へとつながっていくようにすることが，幼児期における遊びを通した総合的な学びから他教科等における学習に円滑に移行することである。

　主体的に自己を発揮するとは，小学校へ入学した児童が，上に述べたような，幼児期における遊びを通した総合的な学びを生かし，小学校という新たな環境の中で，進んで自分らしさを表出し，自分のもっている力を働かせることである。また，**より自覚的な学びに向かう**とは，学ぶということについての意識があり，集中する時間とそうでない時間の区別が付き，自分の課題の解決に向けて，計画的に学んでいくことである。幼児期においても，幼稚園生活の一日の流れの中で，夢中になって遊んだり，活動の区切りに振り返ることで次の活動に期待をもったり，しなければならないことを自覚するようになることなどを大切にしている。小学校においても，幼児期のこうした学びと育ちを土台とし，児童が興味・関心をもったことを個々のペースで追究していけるような，ゆったりとした時間の流れの中で，少しずつ小学校での学習に慣れていくようにしたい。

　小学校入学当初において，児童が主体的に自己を発揮しながら，より自覚的な学びに向かうことが可能になるようにするためには，何より幼児期の学びと育ちに対する理解を前提として，児童が安心して小学校生活に慣れ，自らの力を発揮しながら主体的な学習者として育っていく過程を創り出すことが重要である。

スタートカリキュラムの編成

　遊びや生活を通して総合的に学んでいく幼児期の教育課程と，各教科等の学習内容を系統的に学ぶ等の児童期の教育課程は，内容や進め方が大きく異なる。そこで，入学当初は，幼児期の生活に近い活動と児童期の学び方を織り交ぜながら，幼児期の豊かな学びと育ちを踏まえて，児童が主体的に自己を発揮できるようにする場面を意図的につくることが求められる。それがスタートカリキュラムであり，幼児期の教育と小学校教育を円滑に接続する重要な役割を担っている。

　スタートカリキュラムは，平成20年の「小学校学習指導要領解説　生活編」

において，「（前略）学校生活への適応が図られるよう，合科的な指導を行うことなどの工夫により第1学年入学当初のカリキュラムをスタートカリキュラムとして改善することとした」と示された。今回の改訂においては，幼児期の教育と小学校教育の発達の特性を踏まえた学校段階等間の円滑な接続の観点から，更にその重要性が高まっている。第1章総則第2の4の(1)でも，「（前略）特に，小学校入学当初においては，幼児期において自発的な活動としての遊びを通して育まれてきたことが，各教科等における学習に円滑に接続されるよう，生活科を中心に，合科的・関連的な指導や弾力的な時間割の設定など，指導の工夫や指導計画の作成を行うこと」が示されている。

　小学校入学当初に，幼児期の学びと育ちを踏まえて，主体的に自己を発揮し，新しい学校生活を創り出そうとする児童の姿を実現するための具体的な視点や方法として，生活科を中心とした合科的・関連的な指導や，弾力的な時間割の設定を行うことなどが追記された。ここでいう**生活科を中心とした合科的・関連的な指導**とは，他教科等との関連について前述したことと関連が深いが，特に入学当初においては，重要な意味をもつスタートカリキュラムにおける合科的・関連的な指導では，児童の発達の特性や幼児期からの学びと育ちを踏まえ，児童の実態からカリキュラムを編成することが特徴であり，児童の成長の姿を診断・評価しながら，それらを生かして編成することが求められる。そのためには，幼稚園・認定こども園・保育所への訪問や教職員との意見交換，指導要録等を活用するなど，幼児期の学びと育ちの様子や指導の在り方を把握することが重要である。

　スタートカリキュラムを編成する際には，例えば，「がっこうだいすき　なかよしいっぱい」といった大単元を設定することが考えられる。大単元には「学校探検に行こう」「学校のはてなやびっくりを見付けよう」「見付けたものや人をお知らせしよう」などの小単元を位置付けていく。小単元の主な学習活動には，探検で見付けたことを絵に表したり，見付けた不思議を友達に伝えたりするなど，図画工作科や国語科と合科的・関連的に実施することで効果が高まるものがある。このように，つながりのある他教科等のねらいを考えて合科的・関連的に進める単元を構想していくことができる。ここでは，児童の実態や意識の流れに配慮した時間配分の工夫が重要である。

　ここでいう**弾力的な時間割の設定を行うなどの工夫**とは，入学当初の児童の発達の特性に配慮し，この時期の学びの特徴を踏まえて，10分から15分程度の短い時間で時間割を構成したり，児童が自らの思いや願いの実現に向けた活動をゆったりとした時間の中で進めていけるように活動時間を設定したりすることなどが考えられる。

　その際，幼児期に大切にしてきた生活リズムや一日の過ごし方に配慮すること

1
指導計画作
成上の配慮
事項

も重要である。例えば，週案を作成する場合には，朝の会から1時間目を連続した時間として設定することも考えられる。そこに，幼児期に親しんできた手遊びや歌，リズムに乗って体を動かすことや絵本の読み聞かせ，児童からのお話タイムなど，児童が一日の始まりを楽しい気持ちで迎えられるような学習活動を取り入れることも有効である。また，時間配分においても，児童の生活リズムや集中する時間，意欲の高まりを大切にして，10分から15分程度の短い時間を活用して時間割を構成したり，2時間続きの学習活動を位置付けたりするなどの工夫が考えられる。

また，スタートカリキュラムの実施に当たっては，児童が安心して学べる学習環境を整えることが重要である。幼児期の教育は，「環境を通して行う教育」を基本としており，保育者に支えられながら幼児が自分の力で生活を創っていけるよう環境を構成している。小学校においても，児童が安心感をもち，自分の力で学校生活を送ることができるように，児童の実態を踏まえること，人間関係が豊かに広がること，学習のきっかけが生まれることなどの視点で学習環境を見直すことが求められる。

第1学年の児童にとっては，スタートカリキュラムにおいて，幼児期の生活に近い活動があったり，分かりやすく学びやすい環境の工夫がされていたり，人と関わる楽しい活動が位置付けられていたりすることが安心につながる。また，安心して生活することで自分の力を発揮できるようになり，友達や先生に認められる経験を重ねて更なる成長への意欲が高まる。そして，自分で考え，判断し行動するという学びのプロセスを歩んでいくことで，学習者として自立していくことができる。

スタートカリキュラムは，小学校生活のスタートを円滑に，そして豊かにするものである。全教職員でその意義や考え方，大切にしたいことなどを共通理解し，協力体制を組んで第1学年を見守り育てるとともに，児童の実態に即して毎年見直しを行いながら改善し次年度につないでいくことが重要である。その際，保護者にスタートカリキュラムの意義やねらいとともに，主体的に学ぶ児童の様子を伝えることは，保護者の安心感や学校への信頼感を生み出す。あわせて，スタートカリキュラムで学ぶ児童の姿を，幼稚園・認定こども園・保育所の保育者に見てもらい，改善のための協議を行うことも，双方の取組を振り返るために効果的である。

小学校入学当初の生活科を中心としたスタートカリキュラムは，児童に「明日も学校に来たい」という意欲をかき立て，これからますます重要になる幼児期の教育から小学校以降の教育への円滑な接続をもたらしてくれる。

(5) 障害のある児童などについては，学習活動を行う場合に生じる困難さに
応じた指導内容や指導方法の工夫を計画的，組織的に行うこと。

　障害者の権利に関する条約に掲げられたインクルーシブ教育システムの構築を
目指し，児童の自立と社会参加を一層推進していくためには，通常の学級，通級
による指導，特別支援学級，特別支援学校において，児童の十分な学びを確保
し，一人一人の児童の障害の状態や発達の段階に応じた指導や支援を一層充実さ
せていく必要がある。

　通常の学級においても，発達障害を含む障害のある児童が在籍している可能性
があることを前提に，全ての教科等において，一人一人の教育的ニーズに応じた
きめ細かな指導や支援ができるよう，障害種別の指導の工夫のみならず，各教科
等の学びの過程において考えられる困難さに対する指導の工夫の意図，手立てを
明確にすることが重要である。

　これを踏まえ，今回の改訂では，障害のある児童などの指導に当たっては，
個々の児童によって，見えにくさ，聞こえにくさ，道具の操作の困難や移動上の
制約，健康面や安全面での制約，発音のしにくさ，心理的な不安定，人間関係形
成の困難さ，読み書きや計算等の困難さ，注意の集中を持続させることが苦手な
ど，学習活動を行う場合に生じる困難さが異なることに留意し，個々の児童の困
難さに応じた指導内容や指導方法を工夫することを，各教科等において示してい
る。

　その際，生活科の目標や内容の趣旨，学習活動のねらいを踏まえ，学習内容の
変更や学習活動の代替を安易に行うことがないよう留意するとともに，児童の学
習負担や心理面にも配慮する必要がある。

　生活科の学習は，対象への働きかけなどの具体的な体験を通して，考えたこと
や感じたことを表現することを特徴とする。一人一人の児童の状況等に応じた十
分な学びを確保するため，例えば以下のような配慮を行うことが重要である。

・　言葉での説明や指示だけでは，安全に気を付けることが難しい児童の場合
には，その説明や指示の意味を理解し，なぜ危険なのかをイメージできるよ
うに，体験的な事前学習を行うなどの配慮をする。

・　みんなで使うもの等を大切に扱うことが難しい場合は，大切に扱うことの
意義や他者の思いを理解できるように，学習場面に即して，児童の生活経験
等も踏まえながら具体的に教えるように配慮する。

・　自分の経験を文章にしたり，考えをまとめたりすることが困難な場合は，
児童がどのように考えればよいのか，具体的なイメージを想起しやすいよう

に，考える項目や順序を示したプリントを準備したり，事前に自分の考えたことを言葉や動作で表現したりしてから文章を書くようにするなどの配慮をする。

・　学習の振り返りの場面において学習内容の想起が難しい場合は，学習経過を思い出しやすいように，学習経過などの分かる文章や写真，イラスト等を活用するなどの配慮をする。

　こうした配慮を行うに当たっては，困難さを補うという視点だけでなく，むしろ得意なことを生かすという視点から行うことにより，自己肯定感の醸成にもつながるものと考えられる。また，こうした意識で指導することは，障害のある児童への指導のみならず，低学年の全ての児童に対する指導として心掛けたいことである。生活科は，その教科の特質により，多様な認知の特性をもった児童の活躍が期待できる教科であるといえる。

　なお，学校においては，こうした点を踏まえ，個別の指導計画を作成し，必要な配慮を記載し，他教科等の担任と共有したり，翌年度の担任等に引き継いだりすることが必要である。

> (6)　第1章総則の第1の2の(2)に示す道徳教育の目標に基づき，道徳科などとの関連を考慮しながら，第3章特別の教科道徳の第2に示す内容について，生活科の特質に応じて適切な指導をすること。

　生活科の指導においては，その特質に応じて，道徳について適切に指導する必要があることを示すものである。

　第1章総則の第1の2の(2)においては，「学校における道徳教育は，特別の教科である道徳（以下「道徳科」という。）を要として学校の教育活動全体を通じて行うものであり，道徳科はもとより，各教科，外国語活動，総合的な学習の時間及び特別活動のそれぞれの特質に応じて，児童の発達の段階を考慮して，適切な指導を行うこと」と規定されている。

　これを受けて，生活科における道徳教育の指導においては，学習活動や学習態度への配慮，教師の態度や行動による感化とともに，以下に示すような生活科と道徳教育との関連を明確に意識しながら，適切な指導を行う必要がある。

　生活科においては，目標を「具体的な活動や体験を通して，身近な生活に関わる見方・考え方を生かし，自立し生活を豊かにしていくための資質・能力を次のとおり育成することを目指す。(1)活動や体験の過程において，自分自身，身近な人々，社会及び自然の特徴やよさ，それらの関わり等に気付くとともに，生活上

必要な習慣や技能を身に付けるようにする。(2)身近な人々，社会及び自然を自分との関わりで捉え，自分自身や自分の生活について考え，表現することができるようにする。(3)身近な人々，社会及び自然に自ら働きかけ，意欲や自信をもって学んだり生活を豊かにしたりしようとする態度を養う」と示している。

自分自身，身近な人々，社会及び自然と直接関わる活動や体験を通して，自然に親しみ，生命を大切にするなど自然との関わりに関心をもつこと，自分のよさや可能性に気付くなど自分自身について考えさせること，生活上のきまり，言葉遣い，振る舞いなど生活上必要な習慣を身に付け，自立し生活を豊かにしていくための資質・能力を育成することなど，いずれも道徳教育と密接な関わりをもつものである。

次に，道徳教育の要としての道徳科の指導との関連を考慮する必要がある。生活科で扱った内容や教材の中で適切なものを，道徳科に活用することが効果的な場合もある。また，道徳科で取り上げたことに関係のある内容や教材を生活科で扱う場合には，道徳科における指導の成果を生かすように工夫することも考えられる。そのためにも，生活科の年間指導計画の作成などに際して，道徳教育の全体計画との関連，指導の内容及び時期等に配慮し，両者が相互に効果を高め合うようにすることが大切である。

●2 内容の取扱いについての配慮事項

> (1) 地域の人々，社会及び自然を生かすとともに，それらを一体的に扱うよう学習活動を工夫すること。

生活科は，地域に根ざし，児童の生活に根ざす教科である。生活科の学習の対象や場は，児童の生活圏にある人，社会，自然である。このように，地域は，児童にとって生活の場であると同時に大切な学習の場である。しかし，社会が急速に変化し地域の様子が大きく変わる中，児童が地域の人々，社会及び自然と直接関わることが少なくなってきている。したがって，児童がそれらと直接関わる学習活動を今まで以上に重視することが求められる。

そうした中，地域の人々，社会及び自然を一体的に扱う学習活動を工夫することが求められる。なぜなら，児童が直接関わる対象や場は，人，社会，自然が一体となって存在しているからである。また，低学年の児童の発達の特性を踏まえると，人，社会，自然を一体的に感じ取り，自分との関わりで捉えることが重要だからである。低学年の児童は，人，社会，自然を客観的に区別しながら認識す

るのではなく，つながりのあるものとして，それらを丸ごと捉えていく傾向が強く，そうした児童の発達の特性を生かした学習活動を行うことを忘れてはいけない。

例えば，町を探検する活動で児童が地域に出掛ける。児童は，公園，商店，空き地，畑，駅，停留所，公民館などを見付け，それらを利用したり，そこで働いたりしている人に気付く。また，草，花，虫，林，川などの自然に目を向けることも考えられる。そこでは，家の庭先に咲く花やそこにいる虫に心を留めたり，花を育てている人に思いを寄せたりすることも想像できる。このように，児童は地域に出て，人，社会，自然と出会い，それらをつながりのある一体的なものとして捉える。

さらに児童は，関心をもったことについて，見る，聞く，触れる，探すなどして直接働きかけながら，それらと自分との関わりを深め，知的好奇心や探究心などを育み，豊かな感性を養い，自立し生活を豊かにしていくために様々な体験を総合的に積み重ねていく。したがって，児童の側に立ち，児童の思いや願いに沿った必然性のある学習活動を展開することが重要になる。そのことこそが，地域の人々，社会及び自然を自分との関わりで一体的に扱うことにつながる。

---

(2) 身近な人々，社会及び自然に関する活動の楽しさを味わうとともに，それらを通して気付いたことや楽しかったことなどについて，言葉，絵，動作，劇化などの多様な方法により表現し，考えることができるようにすること。また，このように表現し，考えることを通して，気付きを確かなものとしたり，気付いたことを関連付けたりすることができるよう工夫すること。

生活科では，児童が見る，聞く，触れる，作る，探す，育てる，遊ぶなどの身体を通して直接働きかける体験の楽しさを味わうことや，活動や体験したことを表現し，考えることができるようにすることを重視している。

生活科は，児童が身近な環境と直接関わる活動や体験を楽しむことを大切にしており，これらを十分に行う必要がある。そうした中で，熱中し没頭したこと，思わぬ発見をしたこと，成功したことなどの喜びを味わうとともに，直接体験を通して実感的に分かるようにすることを大切にしている。それが，その後の学習や生活への意欲と工夫を生み出し，実生活で役立つことにつながる。

また，直接関わる活動や体験に必要な資質・能力を身に付けることも大切にしなければならない。諸感覚を使って感じ取ったり，道具などを使って作ったりできるようになって，児童は一層自発的・能動的に対象に関わっていくようになる

からである。

　熱中し没頭したこと，発見や成功の喜びなどは表現への意欲となり，それを基盤とした表現する活動は，低学年の時期には欠かせない大切な学習活動である。それと同時に，直接体験を重視した学習では，その活動について他者と交流して認め合ったり，振り返り捉え直したりすることなども必要である。なぜなら，児童は生き生きと楽しく活動する中で，様々な気付きをしており，それらについて言葉，絵，動作，劇化などの多様な方法により表現することによって，生み出した気付きを自覚することにつながるからである。さらに，表現する活動は，気付いたことを基に考え，新たな気付きを生み出し，気付きの質を高める深い学びにもつながる。

　こうして児童は，体験活動と表現活動を相互に繰り返しながら，学習活動の質を高めていく。何度も対象と関わりながら，表現し考えることを繰り返し，気付きを自覚し確かなものにしていく。自分の気付きや発見を友達と交流し伝え合う活動を通して，それぞれの気付きを関連付けることにもつながる。このように気付きを自覚したり，関連付けたり，視点を変えて捉えたりすることが気付きの質を高めることであり，そのことこそが生活科における「深い学び」の姿の顕著な現れの一つと考えることができる。

---

(3)　具体的な活動や体験を通して気付いたことを基に考えることができるようにするため，見付ける，比べる，たとえる，試す，見通す，工夫するなどの多様な学習活動を行うようにすること。

2
内容の取扱いについての配慮事項

　これまでの生活科の学習の課題として，学習活動が体験だけで終わり，活動や体験を通して得られた気付きを質的に高める指導が十分に行われていないという指摘があった。

　生活科における気付きの質を高めるという視点に立ち，気付いたことを基に考えることができるようにするための多様な学習活動を行うことが大切である。そのためにも「試す，見通す，工夫するなど」を新たに加え，一層の充実を図り，「深い学び」を実現することが期待される。

　気付きとは，対象に対する一人一人の認識であり，児童の主体的な活動によって生まれるものである。そこには知的な側面だけではなく，情意的な側面も含まれる。また，気付きは次の自発的な活動を誘発するものとなる。したがって，活動を繰り返したり対象との関わりを深めたりする活動や体験の充実こそが，気付きの質を高めていくことにつながる。一方，**気付いたことを基に考えることができる**とは，生まれた気付きが次に考えるきっかけとなり，その結果，一つ一つの

69

気付きが関連付けられた気付きへと質的に高まることをいう。そのために，**見付ける，比べる，たとえる，試す，見通す，工夫するなどの多様な学習活動を行う**ことが重要である。このことは，児童の気付きは教師が行う単元構成や学習環境の設定，学習指導によって高まることを意味しており，今まで以上に意図的・計画的・組織的な授業づくりが求められる。

例えば，秋を探しに公園に出掛け，様々な形のドングリを見付ける。教師の「すごいね。いろいろあるね」の言葉で，自分の拾ったドングリと友達のドングリを比べたり，仲間分けしたりして，公園には種類の違うドングリが落ちていることやドングリの形や大きさが違うことに気付いていく。「お父さんドングリ」「赤ちゃんドングリ」「お姉さんドングリ」とたくさんの種類があることに気付いた児童は，図鑑などで名前や特徴などを調べようと学習活動を多様に発展させていく。

持ち帰ったドングリでコマを作って遊ぶ活動が始まると，互いにコマを回し合い，どちらが長く回っているか，どちらが強いかなどが気になってくる。競い合いの場が用意されることで，友達のコマを真剣に見つめ，自分のコマとの違いを見付け出し，コマを改良しようと試行錯誤する児童の姿につながる。「コナラよりクヌギの方が丸いから，きっとよく回るよ」「軸をどこに通すかで回り方が違うよ」「回し方を工夫すると長く回るよ」と工夫したことを紹介し合う中で，ドングリの種類や形，軸の長さや位置，回し方などを工夫することが考えられる。さらには，結果を予測したり，先を見通したりしながら多様な学習活動へと発展していくことが期待できる。

このように児童は，見付ける，比べる，たとえるなどの多様な学習活動を行いながら，気付きを比較したり，分類したり，関連付けたりするなどして分析的に考える。さらには，試す，見通す，工夫するなどの学習活動を行うことで，より質の高い気付きを生み出すことにつながる。そのためにも，児童が自らの気付きを振り返ったり，互いの気付きを交流したりするような活動を，必要に応じて適切に行うことが重要となる。

> (4) 学習活動を行うに当たっては，コンピュータなどの情報機器について，その特質を踏まえ，児童の発達の段階や特性及び生活科の特質などに応じて適切に活用するようにすること。

生活科は，児童が身近な環境と直接関わる活動や体験を楽しむことを大切にしており，これらを十分に行わなければならない。こうした学習活動の中でも，コンピュータなどの情報機器を効果的に活用することも必要である。

例えば，アサガオを育てる中で，興味・関心をもったことを自分の言葉や絵などで表現する活動を行う。友達の気付きと比べたり，これまでの成長を振り返ったりする場面では，デジタルカメラやタブレット型端末の画像を活用し，具体的に思い起こすことも効果的である。

また，町探検で見付けたことをデジタルカメラやタブレット型端末で撮影し，教室で発表する活動を行う。画像を大きく映すことで，それぞれの発表したいことや気付いたことなどが伝わりやすくなる。その結果，児童一人一人の発見が共有され，町のイメージを広げていくこと，新たな探検への意欲の高まりなども期待できる。

しかし，低学年の児童の発達の特性は，人，社会，自然を一体的に感じ取り，自分との関わりで捉える傾向がある。また，発達段階的に情報機器の操作に戸惑う児童も多いことが予測される。そうした児童の発達の段階や特性を十分配慮して，計画的に情報機器を取り入れることが重要である。

---

(5) 具体的な活動や体験を行うに当たっては，身近な幼児や高齢者，障害のある児童生徒などの多様な人々と触れ合うことができるようにすること。

児童が自立し生活を豊かにしていくためには，地域の様々な人々と関わることが大切である。しかし，少子化・高齢化などの影響もあって，人と人とのつながりが希薄化しており，この傾向は一層強まっている。このような現状と課題を踏まえ，児童が身近で多様な人々と触れ合う機会をつくることはますます重要になってきている。

低学年の児童においても，異なる文化や習慣をもつ人々，障害のある人々など身近にいる多様な人々と触れ合い，その発達に応じて他者を尊重する態度や尊敬する気持ち，共に生きていくという考え方を育むことは大切である。

ここでの**多様な人々**とは，学校生活や家庭生活を支えてくれる人々，近所の人々や店の人などはもとより，身近な幼児，高齢者，障害のある児童生徒などであり，それらの中から学校や地域の実態に応じて適切に選択することになる。

多様な人々と触れ合う活動については，日常的に関わることができる人との活動を基本にする。また，具体的な活動や体験をする中で触れ合うことができるようにするものであり，多様な人々について，それだけを取り出して指導したり単元を構成したりするものではない。例えば，学校を探検する活動では，校内にある特別支援学級の児童との交流を図り，一緒に校内の施設を利用したり遊んだりする。こうしたことを契機にして，児童同士で休み時間に一緒に遊ぶようになることなどが期待される。特に，内容(8)「生活や出来事の伝え合い」を他の内容と

関連させることにより，学校の友達や家族をはじめとした身近な人々から地域の人々へと，触れ合いや交流の輪が広がっていく姿も期待される。

また，このように多様な人々と触れ合う活動においては，共に具体的な活動や体験を行うことを大切にしたい。低学年の児童は，実際に触れ合い，一緒に活動を行う中でこそ，相手意識も生まれ一緒に活動することのよさに気付いていくからである。

> (6) 生活上必要な習慣や技能の指導については，人，社会，自然及び自分自身に関わる学習活動の展開に即して行うようにすること。

生活科は，生活上必要な習慣や技能を身に付けることを目標に示している。生活上必要な習慣や技能とは，遊んだり学習したり，人と触れ合ったり，豊かに生活したりするために必要な習慣や技能であり，よき生活者としての資質・能力である。また，この時期に身に付いた習慣や技能は，生涯にわたる自立へとつながるものである。

生活上必要な習慣や技能の指導に当たって重要なことは，それだけを取り出して指導するのではないということである。人，社会，自然及び自分自身に関わる学習活動の展開に即して，それぞれの具体的な場面で，その必要に応じて適切に指導することが重要である。

例えば，地域の人から話を聞こうとすれば，挨拶や言葉遣いが大切である。公共施設などを利用すれば，そこでのルールやマナーを守ることが求められる。身近な自然を利用したり，身近にある物を使ったりなどする遊びは，手や体，様々な道具を使うことができて一層工夫したり楽しいものになる。

このような内容について指導の効果を高めるためには，挨拶をした心地よさ，後始末をした後の清々しさ，道具を上手に使ってものづくりができた満足感など，こうした体験から得られた感情を積み重ねていくことが大切である。また，児童一人一人に応じて，機会を捉えて的確に指導することが大切である。指導計画の作成に当たっては，どのような場面で，どのような指導が必要になるかを想定し，その内容や方法を指導計画に位置付けておくことが必要である。

第5章　指導計画の作成と学習指導

本章では，第1節で生活科の指導計画や学習指導の基本的な考え方を，そして第2節で年間指導計画の作成，第3節で単元計画の作成，第4節で学習指導の進め方について述べていく。

第1節　生活科における指導計画と学習指導の基本的な考え方

生活科は，一人一人の児童の思いや願いを実現していく一連の学習活動を行うことにより，児童の自発性が発揮され，能動的に活動することを大切にしている。今回の改訂においては，主体的・対話的で深い学びを児童が学ぶ過程の中核にある働きとして捉えることの重要性が示され，社会に開かれた教育課程やカリキュラム・マネジメントの意識を高めることが求められている。

これらは，幼児期の教育からの円滑な接続や中学年以降の学習への発展を考慮しながら，低学年における教育の柱に生活科を据えた2学年間を見通した教育課程の適切な編成，実施，評価，改善によって実現されるものである。

生活科においては，従前より今回の改訂における今日的な教育課題にも対応した学習が進められてきたが，各学校では，本章を参考にして，指導計画や学習指導についての見直しや改善を進めることが期待される。

1　カリキュラム・マネジメントを意識した指導計画の作成

生活科では，育成する資質・能力に関わって九つの内容を示しているが，具体的な活動や体験は明示されていない。それは，学習の場や対象が児童の生活圏であり，児童の実態や地域の環境が学校ごとに異なっていることを考慮してのことである。したがって，指導計画を作成するに当たっては，児童の実態や地域の特性，授業時数などを考慮し，各学校で独自に構成した単元や学習活動を適切に配置することを心がけなければならない。年間指導計画は2学年間を見通し，各単元計画と相互に関連させながら作成することが求められる。

その際，知識及び技能の基礎，思考力，判断力，表現力等の基礎，学びに向かう力，人間性等の大きく三つの育成する資質・能力について，どのような活動や体験の中で特に育まれていくのかを単元全体を見通して考えておくことが重要である。

単元の構成としては，ある活動の中で生活科と各教科等の両方の目標が達成さ

れることをねらう合科的な扱いや，生活科と各教科等の学習活動を関わらせ相乗効果をねらう関連としての扱い，一つの活動の中に生活科の複数の内容を関わらせて扱うこと等も考えられる。こうして作られた単元を1年間の流れの中に，季節や人的・物的な環境も考慮して配置したものが年間指導計画となる。

低学年の児童は，活動と思考が一体的であり，その活動は総合的なものである。抽象的な思考よりも具体的な活動や体験の中で感じたことを基に，思考を深めていく傾向がある。こうしたことから，直接体験を重視し2学年間の枠組みで学習を展開していく生活科の特質を踏まえ，幼児期における遊びを通した総合的な学びから各教科等の特質に応じた系統的な学びへと円滑に移行していくことを意識した教育課程の編成が大切である。

さらに，次の二つの点から，生活科の指導計画を検討することも大切である。その一つは，幼児期の教育との連携や接続を意識し学校全体で取り組むスタートカリキュラムを導入することである。もう一つは，身の回りの対象を自分との関わりで一体的に捉える生活科の学びを，中学年以降の抽象化・一般化が高まっていく学習にどのようにつなげていくのかを見通すことである。

生活科においては，一人一人の思いや願いから活動や体験をし，対象に直接関わることで感じ考えることを大切にする。そして，それらを表現することで整理を加えていき，学習の潜在的な価値を現実のものにしていく。その際，教師の適切な指導によって，児童中心の学習を進めていくには，特に以下の三つのことに配慮する必要がある。

一つは，具体的な活動や体験が十分にできる時間を保障することである。本時の計画はもちろん，年間指導計画や単元計画を立てる際にも配慮が必要となる。一つは，主体的な活動の広がりや深まりを可能にする空間的な視点をもつことである。これは，社会に開かれた教育課程とも関わりがあり，活動や体験の場や対象を教室や学校のみに留めることなく，児童の生活圏に目を広げ，様々な人や自然，事象と触れ合うようにすることが求められる。一つは，学習の対象にじっくりと安心して関わることのできる心理的な余裕をもつことである。自分なりに対象と関わり，試行錯誤したり繰り返したりしながら感じ考え，活動を持続していくには，受容的な環境が求められる。

実際に指導計画を作成するに当たっては，児童の目線に立ち，これらを相互に関連させていく必要がある。

●2 学習指導の特質

生活科では，身近な生活に関わる見方・考え方を生かし，直接体験で得た気付

きを表現することによって，その質を高めながら，自立し生活を豊かにしていくための資質・能力が育成されていく。その学習過程としては，自分の思いや願いをもち，そのための具体的な活動や体験を行い，対象と直接関わる中で感じたり考えたりしたことを表現したり，行為したりしていく過程と考えることができる。しかし，こうした学習過程は固定的な段階として捉えるべきものではなく，何よりも直接対象と関わる体験活動と表現活動とが豊かに行きつ戻りつする相互作用を意識することが大切である。それらが連続的・発展的に繰り返されることにより，育成を目指す資質・能力として期待される児童の姿が繰り返し表れ，積み重なって確かなものとなっていく。

生活科の学習指導の特質としては，以下の四つが考えられる。

第1に，児童の思いや願いを育み，意欲や主体性を高める学習活動にすることである。

生活科では，一人一人の児童の思いや願いの実現に向けた活動を展開していく。そのためには，例えば，人，社会，自然との出会わせ方を工夫することが考えられる。事前に児童の興味・関心の実態を確かめ，それに合わせて児童の意欲や主体性を引き出す環境構成や活動への誘いかけに配慮する必要がある。児童が好奇心や探究心，対象への興味や親しみ，憧れなどからくる「やってみたい」「知りたい」「できるようになりたい」といった自分の強い思いや願いをもつことができれば，単元を通して主体的で意欲的に学ぶことが可能になるからである。このように，生活科では，児童の興味・関心を踏まえ，学習対象との適切な出会いの場を用意するとともに，その思いや願いがさらに膨らむような学習活動を展開していくことが大切である。また，その過程において，生活上必要な習慣や技能を身に付けたり，自分の生活をよりよいものにしていこうとする意欲をもつことも求めている。

第2に，児童の身近な生活圏を活動や体験の場や対象にし，本来一体となっている人や社会，自然と身体を通して直接関わりながら，自らの興味・関心を発揮して具体的な活動や体験を行うことを重視することである。

対象を客観的に観察することに留まらず，自分がその社会や自然の中で生活するものの一人として，自分との関わりの中でそれらを捉えることで，気付きが生まれ，考え，行動するようになるからである。児童の身近にある対象は，手で触れたり全身で感じ取ったりして直接関わることのできる対象である。それは，児童一人一人にとって強い興味・関心を生み出すものであり，学習活動を推進する大きな原動力となる。生活科においては，具体的な関わりを通して対象を認識することを重視しており，その意味からも直接体験を欠かすことはできない。また，身近な生活圏を学習の場や対象にする意義は，授業はもとより，それ以外の

時間でも繰り返しそれらに働きかけ，関わることができることにある。したがっ
て，いたずらに学習の場や対象を広げるのではなく，一つ一つにじっくりと関
わったり，繰り返し関わったりすることのできる学習活動が大切である。

　第3に，活動や体験の中で感じたり考えたりしている児童の姿を丁寧に見取
り，働きかけ，活動の充実につなげることである。

　生活科で学ぶ児童の姿は様々に広がり，一人一人にその児童の個性が反映され
ている。生活科では，そうした多様な児童の発言やしぐさを丁寧に見取り，指導
に生かすことが大切である。そのためには，児童が感じ取った事柄を，教師が尋
ね返したり問いかけたり共感したりするなどの言葉かけや働きかけをして，児童
の発言やしぐさの背景を深く理解しなければならない。教師は，それを言葉に出
して意思の疎通を図ったり，児童の思いに共感したりしていくことが重要であ
る。このことによって，児童は体全体で様々な感覚を豊かに働かせ捉えた対象に
ついて，比較したり，分類したり，関連付けたりなどして解釈し把握するととも
に，試行したり，予測したり，工夫したりなどして新たな活動や行動の筋道を創
り出していく。児童に寄り添い児童と同じ目線で学習活動を見守りながら，育成
する資質・能力を意識し指導していくことが，活動の充実につながるのである。

　第4に，表現したり，行為したりすることを通して，働きかける対象について
の気付きとともに，自分自身についての気付きをもつことができるようにするこ
とである。

　生活科では，具体的な活動や体験を通して，関わる対象への気付きが生まれる
ことが大切である。それとともに，一人一人が以前の自分より向上し，成長した
ことに気付くことを大切にする必要がある。単元の始めにはできなかったこと
が，できるようになっていたり，活動に粘り強く取り組み最後までやり遂げた
り，それまで気付かなかった自分のことに目が向くようになっていることが大切
である。それは，児童が自分自身をよりよく理解し，自分のよさや可能性につい
ての気付きを深め，そのことによって生活することへの意欲や自信を一層高める
ことにつながるからである。生活科における活動の結果は，児童の日常生活へと
返っていくものである。つまり，児童の日常生活を豊かにしていき，より自覚的
に工夫していくことができるようにする契機になるのが生活科における活動なの
である。

　気付きの質を高めるためには，気付いたことを伝えたり，交流したり，振り
返って捉え直したりして表現することが大切である。自分の思いや願いを実現し
ようと，活動や体験に熱中し没頭し，発見したり成功したりしたことは表現への
意欲となる。それらを言葉・絵・動作・劇化などの多様な方法によって表現する
ことにより，無自覚な気付きが自覚的になったり，ばらばらのように思えた気付

きが関連付いたりする。さらに，表現することで，自分にとっての対象の意味や体験してきたことの意味を考えたり，自分自身の成長や変容について考えたりすることにもつながっていく。また，表現し合うことによって，自分も友達もみなそれぞれ違っているが，それぞれに特徴があり，よさがあると分かっていく中で，自分というものが本当に独自の存在であり，確かな存在であると実感していく。

　こうした気付きの質の高まりは，満足感，成就感，自信，やり甲斐，一体感などの手応えとなり，次の体験への安定的で持続的な意欲につながっていくことになる。生活科においては，気付きの質の高まりが深い学びであると捉えることができる。

　こうしたことに向けて，１単位時間内の振り返りの時間を充実させたり，振り返りの時間を終末に固定することなく行ったりするなどの工夫が必要である。

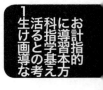

第2節　生活科における年間指導計画の作成

　年間指導計画とは，その年度の学習活動の見通しをもつために，1年間の流れの中に単元を位置付けて示したものである。そこに示される主な要素としては，単元名，活動時期，各単元の主な活動や体験，予定時数などが考えられる。さらに，活動場所や関わる人々等も示しておくことによって，見通しをもった学習を展開することができる。

　計画を立てるに当たっては，2学年間を視野に入れた1年間の学習を通して，どのような資質・能力を育成するために，どのような対象と出会わせ，どのような活動や体験をし，どのような表現活動を行うかなど，児童の具体的な姿を想像することが求められる。その際，育成したい資質・能力によって整理された九つの内容を2学年間で網羅するようにする。

　生活科は，身近な生活圏を活動や体験の場や対象とするため，生活経験を含めた児童の実態や地域環境等の把握が必要となる。また，低学年における教育の柱として，学校の全教育活動との関わり，幼児期の教育や中学年以降の教育との関わりにも留意する必要がある。加えて，一人一人の違いを大切にし多様性へ対応するためにも，学校内外の教育資源の活用を図ったり，時数を適切に割り振ったりすることも重要となる。

●1　児童一人一人の実態に配慮すること

　生活科は，一人一人の思いや願いを生かす学習を重視する。すなわち具体的な活動や体験を通して感じ，考え，工夫し，問題を解決しながら，自らの思いや願いを実現していく学習過程を大切にしている。また，生活科は，児童が身近な環境に直接働きかけると同時に，働き返されながら学ぶという特質をもち，主体的な活動による一人一人の体験が重視されている。このことから，個々の児童が興味・関心を向ける対象や，活動への思いや願い，これまでの体験や既に身に付けている習慣や技能などを事前に把握し，活動への意欲を高め，積極性を引き出すことが必要である。

　生活科を学習する低学年の児童は，個別の学習活動から協働的な学習活動ができるようになる発達の時期にいる。一人一人が好きなことをしていた遊びも，友達と協力して取り組む遊びへと変わってくる児童の姿が見られる。こうした時期にあることを踏まえて，個別の学習活動とともに，協働的な学習活動によって得られる体験を大切にする。協働的な学習活動による体験は，互いの思いや願いを尊重しつつ活動の方向を決め，活動を創り出していくという体験であり，児童が

社会性や人間性を高めていく上で大切な体験である。

　こうしたことから，指導計画の作成に当たっては，一人一人に即して個別性と協働性の両面にわたる観点から児童の実態を的確に把握し，個々の児童に対応した指導ができるようにすることが大切である。

　そのためにも，児童が，これまでどのような自然に触れる活動や体験を行ったことがあるか，動物を飼ったり植物を育てたりした体験はあるか，地域の様子や人々への興味や関心の向け方はどうか，生活上必要な習慣や技能をどの程度身に付けているか，家庭や地域での生活や友人関係の実態はどうか，言葉や絵等による表現力の育ちはどうか，集団による活動の体験をどの程度もつか，学習を進める上で特別な困難はあるか，などについてあらかじめ的確に把握する必要がある。これらのことが，指導計画に反映されて，はじめて一人一人の活動や体験が充実したものとなり，その広がりや深まりが期待できるのである。

　このように，児童の実態を把握するに当たっては，日常の姿にとどまらず，家庭をはじめ，幼児期の教育を担う幼稚園・認定こども園・保育所などの協力を得ることも大切である。その際，指導要録等を用いた直接の引継ぎのほか，幼稚園・認定こども園・保育所などを訪問し実践の様子を参観するなどしながら，保育者との交流を深め，実践の内容，指導方法などの理解に努めることも大切である。

　なお，今日の学校教育が対応すべき課題となっている，発達障害のある児童をはじめ，特別に配慮を要する児童の実態把握と理解も大切である。学習上の障害や困難を適切に把握することは，児童へのきめ細かな指導に欠かせないものである。例えば，町探検などの際は，初めての場所を苦手とする児童に，出会いの興味を失わない程度に訪れる予定の場所の写真を見せておいたり，行動するには事前に明確な見通しが必要な児童には活動の正確な予定時刻を記したカードを用意したりするなどの配慮をする。こうした配慮を行うに当たっては，困難さを補うという視点からだけではなく，活動グループの計時係として活躍させるなど得意なことを生かすといった視点から行うことにより，自己肯定感の醸成にもつながるものと考えられる。

●2　児童の生活圏である地域の環境を生かすこと

　地域は，児童にとって生活の場であり学習の場である。したがって，地域の文化的・社会的な素材や活動の場などを見いだす観点から地域の環境を繰り返し調査し，それらを教材化して最大限に生かすことが重要である。その際，学校が地域に働きかけることのみならず，地域の人々の学校教育に期待する声にも充分に

耳を傾け，社会に開かれた教育課程の理念の実現に配慮していくことが大切である。

　例えば，通学路の安全を守っている人々，地域で生活したり働いたりしている人々，公共の物や場所や施設，身近に見られる動植物やそれらが生息し生育する場所，地域で行われる行事など，児童が地域に興味・関心をもち愛着を感じることができるように活動や体験を具体的に思い描きながら調査し，把握することが指導計画を作成する上で役立つものとなる。

　また，学校の環境も大切な活動や体験の場である。児童にとっては，学校も地域の環境の一部であり，地域社会への入り口である。したがって，学校で働く人々や学校を訪れる様々な人々，校地内の物や場所や施設，そこに見いだすことができる自然，学校で計画される行事などを，地域に見られる人や社会，自然などと関連付けて把握することも大切である。

　地域の環境を調査して見いだした学習の素材や人材，活動の場などを，例えば，生活科マップや人材マップ，生活科暦などとして整理し，有効に活用することは大切なことである。しかし，これらを固定的に捉え，変化を見逃すようなことがあってはならない。1年間という時間の経過によるものだけでなく，社会情勢等によっても絶えず地域の環境は変化するものである。季節や時刻，毎日の天候や気温などによって，身近な自然とともに，地域の人々の暮らしの様子や人々の動きも変化する。したがって，作成された生活科マップや人材マップ，生活科暦なども絶えず見直し，実践に合わせて書き換え指導計画の充実に生かして柔軟に活用できるようにしておくことが大切である。

　さらに，動植物の飼育や栽培の活動をはじめとして，生活科の活動は季節と密接に関連している。指導計画の作成に当たっては，季節の変化に対応させることが大切である。その際，季節の訪れは地域によって異なることから，地域の気候の違いに配慮した指導計画が求められる。例えば，北国と南国では，生き物の動きが活発さを増す季節，栽培活動を始める時期，暮らしや遊びの様子が変わる節目に大きな差がある。したがって，四季の変化に伴う活動を織り込んだ指導計画を作成する際には，活動に最適な時期はいつか，どの季節から始めるのがより適切か，などを前年度までの実践記録を基にした教師相互の協力，児童・地域の人々からの情報も生かしながら検討する必要がある。こうしたことから，年間を見通して特定の時期に集中させることで効果が一層高まる学習活動も考えられる。

　なお，生活科では，地域の伝統的な行事や，近年各地で行われるようになった地域のイベント的行事などを学習の素材として取り上げることもある。しかし，公立及び国立の学校においては，教育基本法第15条第2項により，宗教教育が

禁止されていることを踏まえて，その学習活動が特定の宗教や宗派のための教育にならないように，十分に留意する必要がある。

●3　各教科等との関わりを見通すこと

　生活科の指導では，各教科等との関連を積極的に図り，両者の指導の効果を高めるため，その関連を意識した年間指導計画を作成することが重要である。各教科等でばらばらに身に付けた知識や技能を，具体的な活動や体験の中で活用し，つながりのあるものとして組織化し直すことが期待できるからである。一方で，生活科における活動や体験が，各教科等の学習の動機付けや分かり直しにつながることも考えられる。これらに加えて，単元または1単位時間の中で，複数の教科の目標や内容を組み合わせて学習活動を展開する，合科的な指導を行うことも考えられる。このように，生活科と各教科等は，互いに補い合い・支え合う関係にある。したがって，低学年における教育全体を俯瞰しながら，各教科等で身に付ける知識や技能等を十分に把握し，生活科との関連を図った年間指導計画を以下のことに配慮しながら作成することが求められる。

　まずは，育成を目指す資質・能力の面から合科的・関連的な指導を進めることである。例えば，表現することについては，具体的な活動や体験の中で生まれた気付きによって，その意欲が高まるが，表現方法を考える中で伝えたい内容がはっきりしてきたり，伝えたい相手や内容がはっきりすることで表現方法が決まってきたりすることもある。したがって，国語科，音楽科，図画工作科などの各教科等の表現に関わる学習で育成を目指す資質・能力との関連を工夫し，表現活動の充実を図ることによって，生活科における気付きの質を高めていくことができる。一方で，相手意識や目的意識をもって表現活動に取り組むことによって，各教科等における資質・能力の育成にも資すると考えられる。

　表現活動については，児童の実態に合わせて，言葉，絵，動作，劇化などの多様な方法で表現自体を楽しむとともに，記録し表現する方法として，デジタルカメラやタブレット型端末などのICT機器を利用することも考えられる。

　また，生活科では，単元と単元とのつながりや関係を意識することが大切である。例えば，季節に応じて単元を配列すること，特定の対象を中心に複数の単元を関係付けること，ストーリー性を重視して単元を連続すること，などが考えられる。こうした季節や特定の対象等については，各教科等でも同じような時期に学習材として取り上げることが考えられる。したがって，学校や地域の特色，児童の実態等に応じて，学習材の面からも各教科等との関連に配慮しながら2年間を見通した年間指導計画を作成することが大切である。このことによって，必要

以上に内容が重なることなく，時間的にも効率よく学習を進められることが期待できる。

●4　幼児期の教育や中学年以降の学習との関わりを見通すこと

　生活科については，目標や内容を基にして，2学年間を見通した指導計画を立てることが大切である。その際，以下の三つの関わりに配慮することが求められる。

　一つ目は，スタートカリキュラムをはじめとする幼児期の教育との連携である。二つ目は，2学年間における児童の発達との関わりである。そして，三つ目は，第3学年以上の学習との関わりである。

　本解説第4章で述べたように，入学当初をはじめとした低学年の時期において，生活科が中心的な役割を担いつつ，各教科等との合科的・関連的な指導の一層の充実を図ることが求められている。これは，一部に見られるような小学校入学期のみの適応指導を意味しているのではない。幼稚園教育要領等に示された「幼児期の終わりまでに育ってほしい姿」を手掛かりに，幼児期の実態を理解し，自覚的な学びとして期待する児童の姿を共有することが出発点となる。指導計画の作成に当たって，遊びを通じた総合的な学びから小学校教育への円滑な接続を図るためには，児童の学習環境についての見直しが必要である。児童にとって，分かりやすく学びやすい環境づくりを心掛けることで安心し，幼児期からの学びと育ちを生かす活動を意図的に設定することで成長を実感しながら，自ら考え，判断し，行動することを繰り返すことで，自立に向かうようにすることが大切である。また，低学年の児童の発達は未分化な特徴をもつことから，このような工夫は必ずしも小学校入学当初に限らず，2学年間にわたって積極的に行うことが求められる。この場合，生活科だけの指導計画の作成にとどまらず，低学年における教育の全体を視野に入れて，生活科を柱にした教育課程を創意工夫していくことが必要である。

　幼児期の教育と小学校教育の接続とともに，低学年の2年間における児童の成長や第3学年以上の学習への接続にも留意することが大切である。

　まず，指導計画の作成に当たっては，児童の成長や発達を見通し，2学年間の中で具体的な活動や体験が拡充されるようにすることが大切である。これらのためには，学年による発達の特性に十分留意し，体験や気付きの質が着実に高まるような工夫をすることが求められる。低学年の児童の知的な発達や行動力の伸長は目覚ましく，第1学年と第2学年では，対象への関心の向け方や関わり方にも違いがある。また，学年が進むにつれ，具体的な活動への思いや願いも，情緒的

なものから次第に知的なものへと比重が増してくる。したがって，単元を作成するに当たっては，学習対象の選び方や学習活動の構成が変わってくることが考えられる。生活科では，このような2学年間を見通した指導計画を作成することによって，身の回りの対象への見方や考え方を広げ，思考力を伸ばし，気付きの質を高めていくことにつながるようにしていくことが大切である。

また，生活科の学習内容や方法が，第3学年以上の教科等にも密接に関連していることを理解する必要がある。生活科における，自分との関わりで身近な人々や社会，自然の事物や現象に直接触れ親しみや興味をもつ学習は，社会科や理科の学習内容に関連している。例えば，身近な地域の様子を絵地図に表したり，公共施設を利用し，学んだことを関連付けて，身の回りにはみんなのものや場所があると気付いたりすることは，社会科の社会的事象の見方・考え方の基礎につながっていく。空気やゴムなどを使って遊び，楽しみながらも客観的な観察をして，決まりや一定の変化があると気付くことは，理科の物の性質や働きについての見方・考え方の基礎につながっていく。さらに，それらを一体的に学ぶことや自分自身や自分の生活について考えること，具体的な活動や体験を通して考え，問題を解決しながら自らの思いや願いを実現していく学習は，総合的な学習の時間にも連続し，発展していく。生活科で育む身近な生活に関わる見方・考え方は，社会科における社会的事象の見方・考え方，理科における理科の見方・考え方，総合的な学習の時間における探究的な見方・考え方等に発展していくのである。このように，生活科は，学習の内容的な側面と方法的な側面で，第3学年以上の教科等に深く関連していると言える。

しかし，このような関連を踏まえつつも，殊更知識や理解の系統性に気を取られることがあってはならない。一見同じように見える活動でも，学習のねらいはそれぞれに異なっている。例えば，生活科で取り扱われる内容(3)の働いている人々との関わりでは，一人一人の認識としての気付きを重視し，自分との関わりの中で親しみをもって接することが大切であり，働く人を客観的に捉え社会的役割を共通に理解させることをねらいとするものではない。また，内容(6)の遊びに使う物を工夫してつくる活動でも，児童の思いや願いを大切にした多様な活動を行う中で，その面白さや不思議さに気付くことが重視され，限定された特定の素材の働きや性質などを学ぶこととは異なる。

このように，社会科や理科，総合的な学習の時間等との違いや関連を理解しつつ，生活科のねらいを実現させていくことが大切である。

5 学校内外の教育資源の活用を図ること

　生活科は，一人一人の思いや願いが尊重され，その実現に向けた具体的な活動や体験が重視されるため，個々の活動は多様なものとなる。したがって，一人一人の活動を支えていくためには，その体制を整え工夫することが必要である。また，今日，大きな課題となっている学校や地域における児童の安全確保は，低学年の生活科にとどまらず，全校的な教育課程の編成，実施上の課題である。このことからも学校としての指導体制を十分整えることが重要である。

　学校においては，人を含めた校内環境の全てが具体的な活動の対象になることから，特にその指導の効果が上がる協力体制づくりが必要である。児童の活動内容や活動の場の多様性に応えるためにも，教師の協力的な指導は欠かせないものである。複数の教師がその役割を明確にして指導することや，あらかじめ活動の意図を伝え，全校的な協力体制の中で児童の活動が展開できるようにすることが必要である。また，第1学年でどのような目標で単元が作られ，具体的にどのような活動や体験が行われたのかを知ることが，第2学年の学習を計画・展開する上で欠かせないこととなる。学習の記録を残しておき，その概要を学年を超えて伝えることが生活科では大きな協力となる。

　生活科は地域の身近な環境との関わりから直接学ぶという特質があることから，保護者や地域の人々，公共施設や関係機関の人々の協力が得られる体制づくりも必要である。児童の思いや願いを生かした多様な活動に応えたり，地域での活動が安全に行われたり，地域の施設や人々との関わりを深める活動を展開するためには，これらの人々の協力は欠かせないものである。このことから，例えば，児童の活動に一緒に参加できる，動植物の飼育や栽培に助言できる，町内会や商店街や公共施設などへの連絡や調整ができる，というような協力を得られる人々を見付け，協力を得て，児童の生き生きとした活動が展開できるよう外部連携を継続的に行うための体制づくりを行うことが必要である。

　なお，これらの人々に協力を求める際には，生活科の趣旨をはじめ，指導計画や活動の目的，具体的な支援の内容や範囲を明確に伝えるなどして，児童が安全で主体的な活動を行えるよう配慮することが大切である。また，必要に応じて児童の活動の様子を伝えてもらうなどして，その後の教師の指導に生かすようにすることも大切である。

　さらに，幼児期の教育から小学校への円滑な接続を図る一環として，幼児としての生活を振り返りながら児童が自らの成長を実感できるよう，低学年の児童が幼児と一緒に学習活動を行うことなどに積極的に取り組むことが求められている。その際，教師の相互交流を通じて，指導内容や指導方法について相互理解を

深める重要性が指摘されていることからも，改めて近隣の幼稚園や保育所など，幼児期の教育に携わる人々と交流し，協力体制づくりに努める必要がある。加えて，幼児と児童の交流が互恵的，継続的，計画的に行われるよう，相互に年間計画に位置付けたり，事前や事後の打合せを行ったりすることが大切である。交流の学習では，幼児期の教育に携わる人々と指導方針を確認し役割を分担し協力して指導に当たることが求められる。

このように，学校内外の人々の協力体制を整えることは，教育課程の適切な管理・運営に不可欠なものとなる。

●6 活動や体験に合わせて授業時数を適切に割り振ること

指導計画の作成に当たっては，内容や活動に応じて年間授業時数を適切に割り振ることが大切である。生活科の年間標準授業時数は，学校教育法施行規則別表第1（第51条関係）で，第1学年102単位時間，第2学年105単位時間と定められている。

授業時数の割り振りに当たって，まず配慮すべきことは，年間標準授業時数の範囲内で生活科の目標が実現できるように，2学年間を見通した計画の中で内容の配列を工夫し，単元を構成することである。その際，校外での活動を積極的に取り入れるとともに，児童が具体的な活動や体験を十分にでき，学習の対象に一人一人じっくりと関わることができるように時間的な余裕をもつことが大切である。季節や時刻による地域の環境の変化にも留意し，必要に応じてまとまった活動の時間をとったり，活動の時期を集中したりするなど，弾力的な単元構成の工夫も必要になる。さらに，実際に学習を展開する中で，児童の思いや願いによって，計画以上に価値ある活動や体験が生み出されることも生活科では考えられる。そうした場合は，時数も含めて弾力的に計画を修正することが望ましく，それ以降の単元計画の構成と年間指導計画の枠組みを柔軟に見直すことが必要になる。

また，例えば，育てている動物や植物の世話のように，常時活動に位置付けた方がより適切だと思われる活動については，その活動内容を十分吟味して，あらかじめ学校の教育活動の中に一定の時間を位置付けておくなどの工夫も考えられる。

次に，飼育・栽培活動について，動物と植物の双方を2学年間にわたって継続的に育てるための，授業時数の割り振りの配慮も必要である。これらの取扱いでは，これまで一部に動物の飼育をせずに栽培活動のみを行う事例や，動物との関わりに継続性を欠き，短期的な触れ合いにとどまる事例が見られたとの指摘もあ

る。自然や生命に接する機会が乏しくなっている現状を踏まえ，動物と植物の双方を自分たちで継続的に育てることが一層重視され，指導の充実に向けた配慮が求められている。すなわち，指導計画の作成に当たっては，第1学年では飼育，第2学年では栽培，あるいはその逆の取り上げ方が適当であるのか，それとも，第1学年，第2学年共に飼育と栽培の両方を行うことが適当であるのか，などを十分に検討することが必要である。いずれにしても，どのような取扱いが適当であるかについては地域や児童の実態から判断し，授業時数を適切に割り振ることが大切である。

第5章
指導計画の
作成と学習
指導

第3節　単元計画の作成

　生活科の単元は，内容(1)～(9)を基に，一連の学習活動の「まとまり」として，意図的，計画的に構成されなければならない。生活科の単元には，次のような特徴がある。

　○　児童が，身近な人々，社会及び自然を自分との関わりで捉え，よりよい生活に向けて思いや願いを実現していく必然性のある学習活動で構成する。

　○　具体的な活動や体験を行い，気付きを交流したり活動を振り返ったりする中に，児童一人一人の思いや願いに沿った多様な学習活動が位置付く。

　○　学習活動を行う中で，高まる児童の思いや願いに弾力的に対応する必要がある。

　○　それぞれの学校や地域の人々，社会及び自然に関する特性を把握し，そのよさや可能性を生かす。

　このような生活科の単元の特徴を大切にし，それぞれの学校で単元の内容を組み合わせたり，単元を構想したり，体験と表現が繰り返される学習過程を設定したりするとともに，児童の成長・発達に沿い，妥当性・信頼性のある評価を行えるよう，創意工夫した単元計画を作成することが求められる。

●1　内容の組合せ

　生活科においては，まず，複数の内容で一つの単元を構成することが考えられる。それは，児童の発達の段階や学習への意識を重視して単元を構成するからであり，学校や地域の特性を生かすからである。

　例えば，内容(3)「地域と生活」の単元を構想する場合，内容(4)「公共物や公共施設の利用」と関連付けて単元を構成することが考えられる。それは，学校の周辺の地域を探検する中で，図書館や博物館などの公共施設を見付け，公共施設の利用に関する活動に必然的に発展することが容易に想定できるとともに，そのことが児童の意識の流れに沿っていると考えられる場合である。

　このように，児童の意識と学校や地域の特性を勘案して，児童の目線に寄り添った豊かな単元を構想することが大切である。これは，児童が身近な人々，社会や自然が一体的に構成された環境の中で生活しているからである。また，幼児期から児童期への移行期にいる低学年の児童は，身近にある自然や社会を一体的に認識する発達の段階にあり，具体的な活動や体験を通して，それらに関わる見方・考え方を生かして学ぶために，限られた学習対象を取り出して学習を進めて

いくことが難しいからでもある。

こうして複数の内容を組み合わせることにより，一人一人の学習活動に関連性や連続性，発展性が生まれ，児童の思いや願いが一層高まり，思考が深められ，気付きの質が高まるとともに，学びに向かう力等も育まれるものと期待できる。その際，本解説第3章を参考にして各内容の構成要素を丁寧に分析し，各内容のどの部分を反映させた単元構成であるかを検討し，教師が意識しておく必要がある。なお，内容を組み合わせた結果，構成要素や各内容に示された資質・能力の一部が，いずれの単元からも欠けることがないように，特に気を付けなければならない。

一方，一つの内容で単元を構成することも可能である。例えば，内容(1)学校と生活は，これまでも入学当初に，学校生活に関わる活動を通して，楽しく安心して遊びや生活をしたり安全な登下校をしたりすることを目指すなど，単独で単元を構成することもできた。また，地域の特性によっては，学校周辺の地域に公共施設がない場合なども考えられ，そうした学校では，内容(4)公共物や公共施設の利用については，複数回バス等を利用して遠方の施設を訪ねて利用する活動を計画するなど，単独で構想することも考えられる。

2学年間を見通し，児童の活動や体験を相互に関連させるよう，内容を組み合わせたり単独に設定したりして，各単元と共に年間指導計画全体を構成し，児童が自立し生活を豊かにする姿を実現する必要がある。

●2　単元の構想と単元計画の作成

内容の構成要素を踏まえて単元を構想し，単元計画を作成するには，次の手順が考えられる。単元を構想するためには，およそ三つの段階が考えられる。

第1段階は，発想する段階である。年間指導計画を踏まえ，およその単元の概要を思い描く必要がある。このときに考えなければならない要素として，次のように，児童の興味・関心，教師の願い，学習活動の特性の三つが考えられる。

一つ目は，児童の興味・関心を把握することである。日常生活において，児童はどのようなことに興味を抱いたり関心を寄せたりしているのか，また，どのような学習を志向しているのか，それらを具体的に捉え，その学級の児童の立場から考えることである。学校としての基本的な年間指導計画を踏まえつつも，学級の児童の興味・関心に応じて弾力的に組み替えていく必要がある。二つ目は，学習対象や学習材に関わる児童の姿を想定して，それらの可能性を見いだすことである。それは，教師の願いの表れでもある。生活科の学習を支えているものは，児童が対象と出会い，学習を進める中で生まれてくる対象への思いや願いであ

る。対象との関わりが深まるにつれ，また，関わる期間が長くなるにつれ，思い
や願いは高まっていく。児童の思いや願いが高まる可能性のある対象を選定し，
学習材のよさが引き出されるようにすることが大切である。また，これらのよさ
や可能性は決まったものではない。児童の学びは多様であることから，その中で
生まれた多様な気付きを交流することで新たな気付きが生まれ，学習材のよさが
引き出されるとともに，さらには児童の生活も次第に豊かになっていくといった
創造的なものである。なお，地域は児童にとって生活の場であり学習の場であ
る。地域の文化的・社会的な素材や活動の場などを見いだす観点から地域の環境
を繰り返し調査し，それらを学習材として最大限に生かすことが重要である。三
つ目は，こうして選定された学習対象や学習材によって具体的な学習活動を想定
することである。具体的な学習活動は単元の目標を達成していく上で重要な要素
であることから，これまでの各学校での取組を振り返りながら，よりよい学習活
動へと吟味していくことが必要である。例えば，単元計画の段階では「探検す
る」「遊ぶ」「調査する」「飼育する」「栽培する」「製作する」「交流する」「企画
する」などの多様な学習活動が考えられよう。また，「言葉や絵で表す」「劇化す
る」「動作化」「説明する」など，活動や体験の楽しさやそこで気付いたことなど
を表現する学習活動を適宜位置付ける必要がある。

　第2段階は，構想する段階である。ここで大切なことは，児童の思いや願い，
関心や疑問を生かす，児童の活動を中心とした単元（いわゆる「経験に基づく
単元」）とするか，意図した学習を効果的に生み出す教師の願いを中心とした単
元（いわゆる「教材に基づく単元」）とするかである。教材に基づくか，経験に
基づくかの二者択一ではなく，いかに両者のバランスや調和を図るかが大切であ
る。例えば，内容(7)「動植物の飼育・栽培」を扱う単元であれば，児童の興味・
関心を生かして栽培する作物を選ぶことが考えられる。しかし，児童の育てたい
作物を自分で選ばせれば，期待する学習が展開されるとは限らない。第1学年で
初めて一人で栽培活動を行う児童が多ければ，発芽から開花，種取りまでが安定
的に行われ，成長の様子も楽しめるアサガオを教師のほうで選択することが考え
られる。このとき，教師は児童がアサガオに強く興味・関心を抱くような工夫を
行う必要がある。それは，第2学年の児童からアサガオの種をプレゼントしても
らうことであったり，アサガオの絵本を一緒に読むことであったりする。そのよ
うな学習活動を行うことで，そもそも児童が抱いていた栽培への期待が大きく膨
らんでいく。こうして，単元で行う中心的な学習活動や学習材が明らかになって
いく。単元の特性に応じて，児童の興味・関心に比重が置かれる場合もあれば，
教師の願いに重きが置かれることもある。

　第3段階は，計画する段階である。発想する段階で生まれてきた様々な学習活

3
単元計画の
作成

89

動を，一連の問題解決の流れと児童の意識の流れに沿った展開として整える作業が必要である。この段階では，具体的な単元計画として実現可能かどうかを幅広く検討していくことが求められる。例えば，授業時数，学習環境，学習形態，指導体制，各教科等との関連などを視野に入れて指導計画を立案していく。このときに最も意識しなければならないのが，一連の学習活動の「まとまり」として単元化されているかどうかということである。生活科で単元を構成する際には，体験活動が質的に高まっていくことを期待する。それは，単に活動や体験を繰り返すのではなく，話合いや交流，伝え合いや発表などの表現活動が適切に位置付けられることが大切になる。この体験活動と表現活動の相互作用が学習活動を質的に高めていくのである。

●3　生活科の学習過程

　生活科においては，一連の学習活動の「まとまり」としての単元の中で，体験活動と表現活動とが繰り返されることで児童の学びの質を高めていく。活動や体験を行うことが前提ではあるが，見方・考え方を生かして，低学年らしい思考や認識や意欲等を確かに育成し，次の活動へつなげる学習活動を重視する必要がある。活動や体験は，教師の指示からではなく，児童の思いや願いから始まらなければならない。一方，活動や体験の中で児童は没頭したり夢中になったりするほど感情が高ぶっており，すぐに「書きたい」「発表したい」という思いになるわけではない。落ち着いてくると，「前とは色が随分変わった」と変化を感じたり，「どうすればもっと遠くに飛ぶのだろう」と考えたりしている。その間合を適切に確保することで，伝え合ったり振り返ったりして表現したいという状況が生まれる。このようなことから，例えば，以下の①〜④の学習過程を基本にして，単元にふさわしい展開をつくることが重要である。

　①　思いや願いをもつ
　②　活動や体験をする
　③　感じる・考える
　④　表現する・行為する（伝え合う・振り返る）

　学習過程は，いつも①〜④が順序よく繰り返されるものではなく，順序が入れ替わることもあるし，一つの活動の中に複数のプロセスが一体化して同時に行われる場合もある。また，必ずしも1時間あるいは単元に当てはまるものでもない。生活科の特質を踏まえ，2で述べた学習活動の展開に応じて弾力的に捉えるべきものである。単元の中で，時には日常の生活の中にも広げながら，何度も繰

り返され，児童一人一人の深い学びをつくりだし，気付きの質を高めていくものとして目安にすべきものである。

●4　低学年特有の発達・成長への配慮

　学習指導要領では9項目の内容を2学年まとめて示してある。9項目の内容の中には両学年で取り上げる内容(7)「動植物の飼育・栽培」もあるが，そのほかについては，どの内容をどの学年で扱うかは，各学校に任されている。各学校においては，同じ内容でも実施する学年によって単元の構成が変わることとともに，この時期の発達・成長の特性を踏まえ，次のことに配慮する必要がある。

　一つ目は，低学年の児童は生活圏としての身近な学校や地域を，どのように捉えていくか，という空間的な認識に関することである。児童は日々の学校生活を通して，教室から学校全体へ，自分の通学路や学校の周囲へと認識できる空間が広がっていく。しかし，それらに対する認識は，点と点とのつながりであり，平面的な広がりをもつものにはなりにくい。生活科の学習を通して地域の事象と関わりながら，児童は自らの行動範囲を広げ，空間的な認識を拡大していく。

　二つ目は，低学年の児童は，思い出したり振り返ったりするということについて，どのようにして行っていくか，という時間的な認識に関することである。低学年の児童においては，過去のことを順序正しく想起できるとは限らず，児童それぞれが独自の時間の感覚をもっている。したがって，単一の時間軸で振り返ったり思い起こしたりすることが難しいことになる。対象と継続的に関わったり，自己の成長を振り返ったりする活動を通して，共通の時間軸が形成され，徐々に時間に対する感覚が確かになっていくのである。

　三つ目は，児童の技能の違いである。生活上必要な技能は，児童自身が具体的な活動や体験を通して習熟すべきものである。単元を構想する際には，技能などの習熟の実態を把握して学習対象や学習活動を考えなければならない。学習活動によっては技能の難易，習熟の度合いが学習の安全性や充実度にも影響することから，活動場面での配慮や工夫が求められる。また，同学年であっても技能の習熟状況には差があることから，個に応じた指導を丁寧に行う必要がある。近年は生活体験の不足から手先の巧緻性などに課題が見られる児童が多いが，生活科での具体的な活動や体験を通して，技能を習得させていくことも重要である。

　なお，第1学年においては，幼稚園教育要領等に示された「幼児期の終わりまでに育ってほしい姿」を手掛かりとして，幼児期の教育を通して育まれた資質・能力を受け継いでいく必要がある。幼稚園等と小学校において「幼児期の終わりまでに育ってほしい姿」が共有され，特に入学当初は，幼児期の生活に近い活動

と児童期の学び方を織り交ぜながら，児童が主体的に自己を発揮できるようにする場面を意図的につくることにより，幼児期の教育と小学校教育との接続の一層の強化が図られることが期待できる。

●5 学習評価の在り方

学習評価は，第1章総則第3の2の(1)において，「（前略）各教科等の目標の実現に向けた学習状況を把握する観点から，単元や題材など内容や時間のまとまりを見通しながら評価の場面や方法を工夫して，学習の過程や成果を評価し，指導の改善や学習意欲の向上を図り，資質・能力の育成に生かすようにすること」と示されているように，資質・能力の育成の状況を適切に把握し，指導の改善を図る上で重要である。

生活科では，特定の知識や技能を取り出して指導するのではなく，児童が具体的な活動や体験を通す中で，あるいはその前後を含む学習の過程において，文脈に即して学んでいくことから，評価は，結果よりも活動や体験そのもの，すなわち結果に至るまでの過程を重視して行われる。学習過程における児童の「知識及び技能の基礎」，「思考力，判断力，表現力等の基礎」，「学びに向かう力，人間性等」を評価し，目標の達成に向けた指導と評価の一体化が行われることが求められている。そのためにも単元の目標を明確にするとともに，評価計画を立て，評価規準を具体的な児童の姿として表しておくことが大切である。

教師の評価が，より信頼性の高い評価となるように，評価に当たっては，「量的な面」だけでなく，「質的な面」から捉えるように注意する必要がある。例えば，「多くの秋を見付けている」「絵や文でたくさんかいている」など「量的な面」の評価に偏らないようにしなければならない。そのためには，自分や対象の過去と現在，自分と他者の気付きが関連付けられ新たな気付きが生まれているなど，単元に即して質的に高まった姿を想定する必要がある。また，教師による行動観察や作品・発言分析等のほかに，児童自身による自己評価や児童相互の評価，さらにはゲストティーチャーや学習をサポートする人，家庭や地域の人々からの情報など，様々な立場からの評価資料を収集することで，児童の姿を多面的に評価することが可能となる。このような評価資料によって個々の児童の学習の状況に即した指導が可能となる。

1単位時間での評価の大切さは言うまでもないが，生活科では単元全体を通しての児童の変容や成長の様子を捉える長期にわたる評価も重要である。さらに，授業時間外の児童の姿の変容にも目を向け，評価の対象に加えることが望まれる。

児童の学習状況の評価のほかにも，学習活動や学習対象の選定，学習環境の構成，配当時数などの単元計画や年間指導計画などについての評価を行い，今後の授業改善や単元構想に生かすことも大切である。

　生活科の学習評価の基礎にあるのは児童理解である。学習対象も，学習活動も，目の前の児童の様子を思い浮かべながら選定され，構想されていく。実際の学習場面でも，児童が様々に表現する思いや願いを共感的に捉え，一人一人の多様な学びや育ちを読み取り，よさを発揮できるように指導していかなければならない。このように生活科における児童理解は，学習活動の進展と共に深化し，活用されていく。児童の思いや願いの実現を目指した授業を創り出すには，共感的な児童理解の力を，教師が日々の授業や次節で述べる学習指導を通して高めていくことが不可欠なのである。

3
単元計画の
作成

第4節　学習指導の進め方

　主体的・対話的で深い学びからの授業改善の視点に基づいて，生活科の学習指導は，これまでと同様に，児童の思いや願いを実現する体験活動を充実させるとともに，表現活動を工夫し，体験活動と表現活動とが豊かに行きつ戻りつする相互作用を意識し，以下の点に留意して進めていくようにする。

　第1に，主体的な学びの視点による指導である。生活科では，児童の生活圏である学校，家庭，地域を学習の対象や場とし，対象と直接関わる活動を行うことで，興味や関心を喚起し，自発的な取組を促してきた。こうした点に加えて，表現を行い伝え合う活動の充実を図るようにする。小学校低学年は，自らの学びを直接的に振り返ることは難しく，相手意識や目的意識に支えられた表現活動を行う中で，自らの学習活動を振り返る。振り返ることで自分自身の成長や変容について考え，自分自身についてのイメージを深め，自分のよさや可能性に気付いていく。自分自身への気付きや，自分自身の成長に気付くことが，自分は更に成長していけるという期待や意欲を高めることにつながる。学習活動の成果や過程を表現し，振り返ることで得られた手応えや自信は，自らの学びを新たな活動に生かし挑戦していこうとする児童の姿を生み出す。こうしたサイクルが学びに向かう力等を育成するものと捉え，指導に生かすようにする。

　第2に，対話的な学びの視点による指導である。生活科では，身の回りの様々な人々と関わりながら活動に取り組んだり，伝え合ったり交流したりすることを大切にしたりするようにする。伝え合い交流する中で，一人一人の発見が共有され，そのことをきっかけとして新たな気付きが生まれたり，関係が明らかになったりすることを踏まえ，他者との協働や伝え合い交流する活動により，児童の学びを質的に高めるようにする。また，双方向性のある活動が行われ，対象と直接関わり，対象とのやり取りをする中で，感じ，考え，気付くなどして対話的な学びが豊かに展開されるようにする。

　第3に，深い学びの視点による指導である。思いや願いを実現していく過程で，一人一人の児童が自分との関わりで対象を捉えていくことが生活科の特質である。「身近な生活に関わる見方・考え方」を生かした学習活動が充実することで，気付いたことを基に考え，新たな気付きを生み出し関係的な気付きを獲得するなどの深い学びを実現するようにする。低学年らしいみずみずしい感性により感じ取られたことを，自分自身の実感の伴った言葉にして表したり，様々な事象と関連付けて捉えようとしたりすることを助けるような教師の関わりを実現していくことが大切である。

　以下に，生活科における主体的・対話的で深い学びの視点として気付きの質を

高めることを中心に，そのために必要な，試行錯誤や繰り返す活動の設定，伝え合い交流する場の工夫，振り返り表現する機会の在り方，さらに児童の多様性を生かし学びをより豊かにするとともに，日常生活を豊かに自覚的に営む学習指導について解説する。

●1　試行錯誤や繰り返す活動を設定する

　繰り返し自然事象と関わったり，試行錯誤して何度も挑戦することは気付きの質を高めることになるとともに，事象を注意深く見つめたり予想を確かめたりするなどの理科の見方・考え方の基礎を養うことにもつながる。

　風で動かす自動車を作って遊ぶ児童は，土台となる紙箱に，厚紙を使った風受けや，竹ひごの両端にペットボトルのふたをはめた車輪を付け，何度も何度も作り直す中で，風受けの大きさや形，車軸の向き，風の送り方，車軸を回転させるストローの付け方（平行かどうかやペットボトルのふたとの接触）などによって，走り具合が違うことに気付き，遠くまで走る風自動車は，これだと納得する。このように，試行錯誤を繰り返し，条件を変えて試してみる過程で，風で動く自動車の作り方への気付きが質的に高まっていく。

　ある児童は，石の下にコオロギを発見したことから，「どんなところにコオロギがいるか」を調べ始めた。何度も何度もコオロギを探す中で，「側溝の中」「草むらの中」「ベンチの下」など，コオロギがいる場所の特徴が見えてきた。すると児童は，「コオロギの好きな場所は，暗くてじめじめしたところかもしれない」とコオロギの生息場所を予想し，コオロギのすみかを探すようになった。

　また，児童が，それぞれ異なる野菜を栽培してきた学級では，毎日の水やりや草取りなどの世話を繰り返すうちに「ミニトマトもナスもピーマンもキュウリも，どれも花が咲いたところに実がなります。別の野菜もみんな同じです」「でも，つるが伸びるのはキュウリだけです」と植物の斉一性や多様性に気付いていった。

　なお，初めて行う活動や体験で，予測してその後を見通すのが困難なことも，試行錯誤や繰り返す活動を行うことによって，気付きの質が高まり，次第に因果関係等をつかみ予測できるようになる。その際，試行錯誤の過程を児童が自ら振り返り，自覚できるようにする。そのためには，気付きを児童が自分で記録できるようにしたり，教師が写真や動画で撮影しておいて振り返る際に提示したりすることが大切である。ある児童が，幼稚園でアサガオを育てた際に，発芽してすぐの芽の茎の色が紫だったことと，実際に咲いた花が紫だったことを思い出し，双葉の茎が赤であったことから，今度は赤の花が咲くのではと予測する。それぞ

4
学習指導の
進め方

れの茎を見比べて自分の花の色を予想してみて，記録しておく。実際に花が咲いた時期に予測を確かめてみる。このように教師は，条件を変えて試したり，再試行したり繰り返したり確かめたりすることができる学習活動を用意するとともに，学習環境の構成などに心掛けることで，児童が活動や体験で得た情報が見通しに役立つという自覚ができるようにしていく必要がある。

2 伝え合い交流する場を工夫する

　伝え合い交流する活動は，集団としての学習を高めるだけではなく，児童一人一人の気付きを質的に高めていく上でも意味がある。生活科の学習では，一人一人の気付きを全員で共有し，みんなで高めていくことが重要である。例えば，体験したことや調べたことを伝え合う中で，「友達が調べているあのお店の人も，早起きして頑張っているんだ」「友達が調べている大工さんも名人なんだ」「お年寄りがよく使う公園もあるんだな」など自分が発見したことと友達が発見したこととを比べ，似ているところや違うところを見付ける。そうして，「わたしが調べているお店の人は，ほかにどんなことを頑張っているのかな」「ほかに，名人がいるかな」「ぼくが調べている公園もお年寄りが使うのかな」などと，次々に調べたいことを明らかにして，目当てがより鮮明になり，再び地域に出掛けていく。

　一方，幼児をはじめ異学年の児童や地域の人々などに体験したことや調べたことを伝える活動も行われる。このような活動では，伝えたい気持ちが高まる一方で，伝えたいことを確実に把握していないと相手には伝わらない。時には，相手の反応から足りないところに気付き，次なる活動が明確になることもある。また，身の回りの人々から称賛されることによって，意欲の向上が図られることもある。相手意識，目的意識などが，児童の学習を促進することになる。活動や体験を重視する生活科においては，他者と伝え合い交流する活動を大切にする必要がある。

　伝え合いは，観察や製作など活動や体験の途中でも行われる。例えば，キュウリのつるが，アサガオと違って巻きひげで支柱に引き寄せられている様子を観察していた児童は，「最初はまっすぐに長く伸びているのに，支柱に巻きつくと，バネのように丸まって縮んでいる」「ぼくたちが腕を伸ばして鉄棒を捕まえ，体を引き寄せたような感じだね」「クルクルときれいに丸まっていて，本当にバネみたいだ」「どれも，真ん中で向きが変わっているよ」「引っ張ってもなかなか伸びないし，外れないよ」「台風でも大丈夫かな」「支柱が倒れないようしっかり立てようよ」などと話が進む。このような場に出会った教師は，教室に戻ると話が

広がりにくいことを念頭に，会話に参加していくことも考えられる。

●3 振り返り表現する機会を設ける

　生活科では振り返り表現する活動として，言葉などにより表現する活動が位置付けられる。活動や体験したことを言葉などによって振り返ることで，無自覚だった気付きが自分の中で明確になったり，それぞれの気付きを共有し関連付けたりすることが可能になるからである。その際，活動や体験が不十分で気付きが曖昧なまま，発表したりワークシートに書いたりする活動で振り返ることがないように気を付けなければならない。振り返り表現する活動を位置付けるには，児童が気付きを頻繁に伝えようとしている，工夫し協力したことがやり遂げられて喜び合ったりしているなどの，教室全体の状況が生まれる必要がある。

　児童が気付いたことを基に考え，そこから更に気付きの質を高めるためには，見付ける，比べる，たとえる，試す，見通す，工夫するなどの多様な学習活動の工夫が求められる。児童は，表現することで自らの活動や対象を見つめ直したり，過去のことや周りのことと比べたりして気付きの質を高めていく。中でも，言葉などによる表現と関わりが深いのは，たとえる学習活動である。児童は，諸感覚を生かした豊かな体験をすることで，「ぶどうみたいな実を見付けたよ」「みかんのようなにおいがしたよ」などと，体験したことをこれまでの体験につなげて表現する。ここでの気付きは，それまでの気付きと関連付けが図られた，より確かなものになっている。雲を眺めながら「白くてふわふわだね」と児童がつぶやいたとき，教師が「何みたいに」と投げかけることで「綿菓子みたい」「まるで綿菓子やさんだね」とか，「くじらのようだ」「3頭泳いでいるよ」「後ろから大きな船が追いかけているみたいだよ」「きっと宇宙船だよ」「ほら，光のビームが出た」などと児童は体験したことや知っていることと関係付けて考え，ストーリーを描きながら言葉で表現する。教室に戻りながら，「昨日の雲は違ったよ」「今日はモクモクしていた」「絵に描いて妹にあげようかな」「明日の天気はどうなのかな」と，児童の気付きは人，社会，自然に対する関係的な気付きへと質的に高まっていくのである。

　そのような児童のやり取りの中で，教師が「いいね」「そうだね」「なるほどね」などと児童の気付きを認め，共通の視点に気付かせたり，ストーリーをつないでいったりしていくことで，児童のイメージはより広がっていく。このように，児童の気付きや学びのテンポに沿う「合いの手」のような教師の働きかけや言葉掛けも重要である。

4
学習指導の
進め方

●4 児童の多様性を生かし，学びをより豊かにする

　児童の思いや願いに寄り添うことは，学習活動に多様な広がりを生み出す要因となる。なぜなら，児童一人一人には違いや特性があり，それは活動と共に変化するからである。また，教師の関わり方や児童相互の関わり方によっても変化するからである。したがって，教師は，こうした児童が示す多様性を生かすようにし，児童の学びをより豊かにしていくことが重要である。

　児童の学習活動が多様であるということは，それぞれの気付きも多様であるということである。例えば，校内の様々な場所を探検する学習活動では，校長室に入ったり，保健室の養護教諭に話を聞いたり，給食室で栄養教諭や調理員の仕事を見せてもらったりする。出会いの中で，一人一人の児童が気付くことは違っていても，それぞれの違いや共通点を見いだす中で，「学校にはいろいろな人がいて，わたしたちのために一生懸命働いてくれている」と気付きを質的に高める児童の姿が期待できる。

　児童が活動しないままにじっとしていたり，あるいは指示された限られた活動しかしていなかったりすれば児童相互の多様性は生かされにくい。しかし，具体的な活動や体験を通して，互いに関わり合う状況に身を置けば，今まで見えなかった他の児童との共通点や相違点，児童自身のよさが見えてくる。それぞれの児童が自らのよさを発揮できるようにするとともに，互いのよさやそれぞれの気付きを共鳴させることが，生活科の学習指導では大切である。学級全体の中に，多様性を尊重する風土を醸成し，互いが異なることを認め合える雰囲気作りをしていくことが大切になってくる。

　このような学習指導を通して，生活科が重視する，自立し生活を豊かにするための資質・能力の育成が図られる。これは，正に実社会や実生活と直接関わる学習活動でこそ実現できる。また，生活科の学習で身に付けた資質・能力は，児童の日常生活の中で改めて生かされ，一層強化されていく。このことこそが，自立し豊かな生活を行うことにつながる。このようなことから，生活科での活動は，児童の日常生活で意味をもち，意義が捉えやすいものでなければならない。つまり，何のためにするのか，これをするとどのような面白さや有効性があるのかといったことが，日常生活の中でぼんやりとではあっても把握されていたり想像できたりするようなものを取り上げなければならない。そうであってはじめて，生活科の中で行うこと，そしてそこでの発見が生活科を越え，教室を越えて児童の日常生活へと返っていくことが可能になるからである。

　児童は，「今日は，もっと動くようにつくりかえたいな」「休み時間に，動物小屋の裏の木の下で探そうよ」「帰ってから，もう一度お母さんとお菓子屋のおじ

さんに聞きに行こうかな」「明日は，どのくらい大きくなっているのかな」など
と日々の生活を楽しみにし，明日を心待ちにしながら過ごし，自分の世界を広げ
ていく。そのような活動や体験を重ねることで，自分の成長とともに関わりやそ
の多様性が増し，一つ一つの関わりが深まっていく。さらに，自分自身や身近な
人々，社会及び自然が一層大切な存在になって，自分や回りの人々の楽しさが増
したり夢や希望が膨らんだりすることで生活を豊かにしていく。そして，自らの
活動や体験を豊かな表情と言葉で語る機会を得ることで，その価値を実感すると
ともに自覚するようになる。

　教師は，そのように児童が生活を豊かにし自覚的に営む姿を見守り支えなが
ら，意欲と自信をもって生活しようとする児童の育成に向かって，児童に寄り添
い，共感し，共に動き，小さな変化に目を止めるなどを行い，教師自身が児童に
とって豊かさを感じられる環境の一部となるように努めなければならない。

4
学習指導の
進め方

付録

目次

- ● 付録1：学校教育法施行規則（抄）
- ● 付録2：小学校学習指導要領　第1章　総則
- ● 付録3：小学校学習指導要領　第2章　第5節　生活
- ● 付録4：小学校学習指導要領　第3章　特別の教科　道徳
- ● 付録5：「道徳の内容」の学年段階・学校段階の一覧表
- ● 付録6：幼稚園教育要領

学校教育法施行規則（抄）

昭和二十二年五月二十三日文部省令第十一号
一部改正：平成二十九年三月三十一日文部科学省令第二十号
平成三十年八月二十七日文部科学省令第二十七号

第四章　小学校

第二節　教育課程

第五十条　小学校の教育課程は，国語，社会，算数，理科，生活，音楽，図画工作，家庭，体育及び外国語の各教科（以下この節において「各教科」という。），特別の教科である道徳，外国語活動，総合的な学習の時間並びに特別活動によつて編成するものとする。

2　私立の小学校の教育課程を編成する場合は，前項の規定にかかわらず，宗教を加えることができる。この場合においては，宗教をもつて前項の特別の教科である道徳に代えることができる。

第五十一条　小学校（第五十二条の二第二項に規定する中学校連携型小学校及び第七十九条の九第二項に規定する中学校併設型小学校を除く。）の各学年における各教科，特別の教科である道徳，外国語活動，総合的な学習の時間及び特別活動のそれぞれの授業時数並びに各学年におけるこれらの総授業時数は，別表第一に定める授業時数を標準とする。

第五十二条　小学校の教育課程については，この節に定めるもののほか，教育課程の基準として文部科学大臣が別に公示する小学校学習指導要領によるものとする。

第五十三条　小学校においては，必要がある場合には，一部の各教科について，これらを合わせて授業を行うことができる。

第五十四条　児童が心身の状況によつて履修することが困難な各教科は，その児童の心身の状況に適合するように課さなければならない。

第五十五条　小学校の教育課程に関し，その改善に資する研究を行うため特に必要があり，かつ，児童の教育上適切な配慮がなされていると文部科学大臣が認める場合においては，文部科学大臣が別に定めるところにより，第五十条第一項，第五十一条（中学校連携型小学校にあつては第五十二条の三，第七十九条の九第二項に規定する中学校併設型小学校にあつては第七十九条の十二において準用する第七十九条の五第一項）又は第五十二条の規定によらないことができる。

第五十五条の二　文部科学大臣が，小学校において，当該小学校又は当該小学校が設置されている地域の実態に照らし，より効果的な教育を実施するため，当該小学校又は当該地域の特色を生かした特別の教育課程を編成して教育を実施する必要があり，かつ，当該特別の教育課程について，教育基本法（平成十八年法律第百二十号）及び学校教育法第三十条第一項の規定等に照らして適切であり，児童の教育上適切な配慮がなされているものとして文部科学大臣が定める基準を満たしていると認める場合においては，文部科学大臣が別に定めるところにより，第五十条第一項，第五十一条（中学校連携型小学校にあつては第五十二条の三，第七十九条の九第二項に規定する中学校併設型小学校にあつては第七十九条の十二において準用する第七十九条の五第一項）又は第五十二条の規定の全部又は一部によらないことができる。

第五十六条　小学校において，学校生活への適応が困難であるため相当の期間小学校を欠席し引き続き欠席すると認められる児童を対象として，その実態に配慮した特別の教育課程を編成し

付録1

て教育を実施する必要があると文部科学大臣が認める場合においては，文部科学大臣が別に定めるところにより，第五十条第一項，第五十一条（中学校連携型小学校にあつては第五十二条の三，第七十九条の九第二項に規定する中学校併設型小学校にあつては第七十九条の十二において準用する第七十九条の五第一項）又は第五十二条の規定によらないことができる。

第五十六条の二　小学校において，日本語に通じない児童のうち，当該児童の日本語を理解し，使用する能力に応じた特別の指導を行う必要があるものを教育する場合には，文部科学大臣が別に定めるところにより，第五十条第一項，第五十一条（中学校連携型小学校にあつては第五十二条の三，第七十九条の九第二項に規定する中学校併設型小学校にあつては第七十九条の十二において準用する第七十九条の五第一項）及び第五十二条の規定にかかわらず，特別の教育課程によることができる。

第五十六条の三　前条の規定により特別の教育課程による場合においては，校長は，児童が設置者の定めるところにより他の小学校，義務教育学校の前期課程又は特別支援学校の小学部において受けた授業を，当該児童の在学する小学校において受けた当該特別の教育課程に係る授業とみなすことができる。

第五十六条の四　小学校において，学齢を経過した者のうち，その者の年齢，経験又は勤労の状況その他の実情に応じた特別の指導を行う必要があるものを夜間その他特別の時間において教育する場合には，文部科学大臣が別に定めるところにより，第五十条第一項，第五十一条（中学校連携型小学校にあつては第五十二条の三，第七十九条の九第二項に規定する中学校併設型小学校にあつては第七十九条の十二において準用する第七十九条の五第一項）及び第五十二条の規定にかかわらず，特別の教育課程によることができる。

第三節　学年及び授業日

第六十一条　公立小学校における休業日は，次のとおりとする。ただし，第三号に掲げる日を除き，当該学校を設置する地方公共団体の教育委員会（公立大学法人の設置する小学校にあつては，当該公立大学法人の理事長。第三号において同じ。）が必要と認める場合は，この限りでない。
　一　国民の祝日に関する法律（昭和二十三年法律第百七十八号）に規定する日
　二　日曜日及び土曜日
　三　学校教育法施行令第二十九条第一項の規定により教育委員会が定める日
第六十二条　私立小学校における学期及び休業日は，当該学校の学則で定める。

第 八 章　特別支援教育

第百三十四条の二　校長は，特別支援学校に在学する児童等について個別の教育支援計画（学校と医療，保健，福祉，労働等に関する業務を行う関係機関及び民間団体（次項において「関係機関等」という。）との連携の下に行う当該児童等に対する長期的な支援に関する計画をいう。）を作成しなければならない。
　2　校長は，前項の規定により個別の教育支援計画を作成するに当たつては，当該児童等又はその保護者の意向を踏まえつつ，あらかじめ，関係機関等と当該児童等の支援に関する必要な情

付録1

報の共有を図らなければならない。

第百三十八条　小学校，中学校若しくは義務教育学校又は中等教育学校の前期課程における特別支援学級に係る教育課程については，特に必要がある場合は，第五十条第一項（第七十九条の六第一項において準用する場合を含む。），第五十一条，第五十二条（第七十九条の六第一項において準用する場合を含む。），第五十二条の三，第七十二条（第七十九条の六第二項及び第百八条第一項において準用する場合を含む。），第七十三条，第七十四条（第七十九条の六第二項及び第百八条第一項において準用する場合を含む。），第七十四条の三，第七十六条，第七十九条の五（第七十九条の十二において準用する場合を含む。）及び第百七条（第百十七条において準用する場合を含む。）の規定にかかわらず，特別の教育課程によることができる。

第百三十九条の二　第百三十四条の二の規定は，小学校，中学校若しくは義務教育学校又は中等教育学校の前期課程における特別支援学級の児童又は生徒について準用する。

第百四十条　小学校，中学校，義務教育学校，高等学校又は中等教育学校において，次の各号のいずれかに該当する児童又は生徒（特別支援学級の児童及び生徒を除く。）のうち当該障害に応じた特別の指導を行う必要があるものを教育する場合には，文部科学大臣が別に定めるところにより，第五十条第一項（第七十九条の六第一項において準用する場合を含む。），第五十一条，第五十二条（第七十九条の六第一項において準用する場合を含む。），第五十二条の三，第七十二条（第七十九条の六第二項及び第百八条第一項において準用する場合を含む。），第七十三条，第七十四条（第七十九条の六第二項及び第百八条第一項において準用する場合を含む。），第七十四条の三，第七十六条，第七十九条の五（第七十九条の十二において準用する場合を含む。），第八十三条及び第八十四条（第百八条第二項において準用する場合を含む。）並びに第百七条（第百十七条において準用する場合を含む。）の規定にかかわらず，特別の教育課程によることができる。

一　言語障害者

二　自閉症者

三　情緒障害者

四　弱視者

五　難聴者

六　学習障害者

七　注意欠陥多動性障害者

八　その他障害のある者で，この条の規定により特別の教育課程による教育を行うことが適当なもの

第百四十一条　前条の規定により特別の教育課程による場合においては，校長は，児童又は生徒が，当該小学校，中学校，義務教育学校，高等学校又は中等教育学校の設置者の定めるところにより他の小学校，中学校，義務教育学校，高等学校，中等教育学校又は特別支援学校の小学部，中学部若しくは高等部において受けた授業を，当該小学校，中学校，義務教育学校，高等学校又は中等教育学校において受けた当該特別の教育課程に係る授業とみなすことができる。

第百四十一条の二　第百三十四条の二の規定は，第百四十条の規定により特別の指導が行われている児童又は生徒について準用する。

付録1

附 則 （平成二十九年三月三十一日文部科学省令第二十号）

この省令は，平成三十二年四月一日から施行する。

別表第一（第五十一条関係）

区　　　分		第1学年	第2学年	第3学年	第4学年	第5学年	第6学年
各教科の授業時数	国　　語	306	315	245	245	175	175
	社　　会			70	90	100	105
	算　　数	136	175	175	175	175	175
	理　　科			90	105	105	105
	生　　活	102	105				
	音　　楽	68	70	60	60	50	50
	図画工作	68	70	60	60	50	50
	家　　庭					60	55
	体　　育	102	105	105	105	90	90
	外　国　語					70	70
特別の教科である道徳の授業時数		34	35	35	35	35	35
外国語活動の授業時数				35	35		
総合的な学習の時間の授業時数				70	70	70	70
特別活動の授業時数		34	35	35	35	35	35
総　授　業　時　数		850	910	980	1015	1015	1015

備考

一　この表の授業時数の一単位時間は，四十五分とする。

二　特別活動の授業時数は，小学校学習指導要領で定める学級活動（学校給食に係るものを除く。）に充てるものとする。

三　第五十条第二項の場合において，特別の教科である道徳のほかに宗教を加えるときは，宗教の授業時数をもつてこの表の特別の教科である道徳の授業時数の一部に代えることができる。（別表第二及び別表第四の場合においても同様とする。）

付録1

小学校学習指導要領　第1章　総則

第1　小学校教育の基本と教育課程の役割

1　各学校においては，教育基本法及び学校教育法その他の法令並びにこの章以下に示すところに従い，児童の人間として調和のとれた育成を目指し，児童の心身の発達の段階や特性及び学校や地域の実態を十分考慮して，適切な教育課程を編成するものとし，これらに掲げる目標を達成するよう教育を行うものとする。

2　学校の教育活動を進めるに当たっては，各学校において，第3の1に示す主体的・対話的で深い学びの実現に向けた授業改善を通して，創意工夫を生かした特色ある教育活動を展開する中で，次の(1)から(3)までに掲げる事項の実現を図り，児童に生きる力を育むことを目指すものとする。

(1)　基礎的・基本的な知識及び技能を確実に習得させ，これらを活用して課題を解決するために必要な思考力，判断力，表現力等を育むとともに，主体的に学習に取り組む態度を養い，個性を生かし多様な人々との協働を促す教育の充実に努めること。その際，児童の発達の段階を考慮して，児童の言語活動など，学習の基盤をつくる活動を充実するとともに，家庭との連携を図りながら，児童の学習習慣が確立するよう配慮すること。

(2)　道徳教育や体験活動，多様な表現や鑑賞の活動等を通して，豊かな心や創造性の涵養を目指した教育の充実に努めること。

　　学校における道徳教育は，特別の教科である道徳（以下「道徳科」という。）を要として学校の教育活動全体を通じて行うものであり，道徳科はもとより，各教科，外国語活動，総合的な学習の時間及び特別活動のそれぞれの特質に応じて，児童の発達の段階を考慮して，適切な指導を行うこと。

　　道徳教育は，教育基本法及び学校教育法に定められた教育の根本精神に基づき，自己の生き方を考え，主体的な判断の下に行動し，自立した人間として他者と共によりよく生きるための基盤となる道徳性を養うことを目標とすること。

　　道徳教育を進めるに当たっては，人間尊重の精神と生命に対する畏敬の念を家庭，学校，その他社会における具体的な生活の中に生かし，豊かな心をもち，伝統と文化を尊重し，それらを育んできた我が国と郷土を愛し，個性豊かな文化の創造を図るとともに，平和で民主的な国家及び社会の形成者として，公共の精神を尊び，社会及び国家の発展に努め，他国を尊重し，国際社会の平和と発展や環境の保全に貢献し未来を拓く主体性のある日本人の育成に資することとなるよう特に留意すること。

(3)　学校における体育・健康に関する指導を，児童の発達の段階を考慮して，学校の教育活動全体を通じて適切に行うことにより，健康で安全な生活と豊かなスポーツライフの実現を目指した教育の充実に努めること。特に，学校における食育の推進並びに体力の向上に関する指導，安全に関する指導及び心身の健康の保持増進に関する指導については，体育科，家庭科及び特別活動の時間はもとより，各教科，道徳科，外国語活動及び総合的な学習の時間などにおいてもそれぞれの特質に応じて適切に行うよう努めること。また，それらの指導を通して，家庭や地域社会との連携を図りながら，日常生活において適切な体育・健康に関する活動の実践を促し，生涯を通じて健康・安全で活力ある生活を送るための基礎が培われるよう配慮すること。

3　2の(1)から(3)までに掲げる事項の実現を図り，豊かな創造性を備え持続可能な社会の創り手となることが期待される児童に，生きる力を育むことを目指すに当たっては，学校教育全体並びに各教科，道徳科，外国語活動，総合的な学習の時間及び特別活動（以下「各教科等」という。た

だし，第2の3の(2)のア及びウにおいて，特別活動については学級活動（学校給食に係るものを除く。）に限る。）の指導を通してどのような資質・能力の育成を目指すのかを明確にしながら，教育活動の充実を図るものとする。その際，児童の発達の段階や特性等を踏まえつつ，次に掲げることが偏りなく実現できるようにするものとする。

(1) 知識及び技能が習得されるようにすること。

(2) 思考力，判断力，表現力等を育成すること。

(3) 学びに向かう力，人間性等を涵養すること。

4　各学校においては，児童や学校，地域の実態を適切に把握し，教育の目的や目標の実現に必要な教育の内容等を教科等横断的な視点で組み立てていくこと，教育課程の実施状況を評価してその改善を図っていくこと，教育課程の実施に必要な人的又は物的な体制を確保するとともにその改善を図っていくことなどを通して，教育課程に基づき組織的かつ計画的に各学校の教育活動の質の向上を図っていくこと（以下「カリキュラム・マネジメント」という。）に努めるものとする。

● 第2　教育課程の編成

1　各学校の教育目標と教育課程の編成

　　教育課程の編成に当たっては，学校教育全体や各教科等における指導を通して育成を目指す資質・能力を踏まえつつ，各学校の教育目標を明確にするとともに，教育課程の編成についての基本的な方針が家庭や地域とも共有されるよう努めるものとする。その際，第5章総合的な学習の時間の第2の1に基づき定められる目標との関連を図るものとする。

2　教科等横断的な視点に立った資質・能力の育成

(1) 各学校においては，児童の発達の段階を考慮し，言語能力，情報活用能力（情報モラルを含む。），問題発見・解決能力等の学習の基盤となる資質・能力を育成していくことができるよう，各教科等の特質を生かし，教科等横断的な視点から教育課程の編成を図るものとする。

(2) 各学校においては，児童や学校，地域の実態及び児童の発達の段階を考慮し，豊かな人生の実現や災害等を乗り越えて次代の社会を形成することに向けた現代的な諸課題に対応して求められる資質・能力を，教科等横断的な視点で育成していくことができるよう，各学校の特色を生かした教育課程の編成を図るものとする。

3　教育課程の編成における共通的事項

(1) 内容等の取扱い

ア　第2章以下に示す各教科，道徳科，外国語活動及び特別活動の内容に関する事項は，特に示す場合を除き，いずれの学校においても取り扱わなければならない。

イ　学校において特に必要がある場合には，第2章以下に示していない内容を加えて指導することができる。また，第2章以下に示す内容の取扱いのうち内容の範囲や程度等を示す事項は，全ての児童に対して指導するものとする内容の範囲や程度等を示したものであり，学校において特に必要がある場合には，この事項にかかわらず加えて指導することができる。ただし，これらの場合には，第2章以下に示す各教科，道徳科，外国語活動及び特別活動の目標や内容の趣旨を逸脱したり，児童の負担過重となったりすることのないようにしなければならない。

ウ　第2章以下に示す各教科，道徳科，外国語活動及び特別活動の内容に掲げる事項の順序は，特に示す場合を除き，指導の順序を示すものではないので，学校においては，その取扱いについて適切な工夫を加えるものとする。

付録2

エ　学年の内容を2学年まとめて示した教科及び外国語活動の内容は，2学年間かけて指導する事項を示したものである。各学校においては，これらの事項を児童や学校，地域の実態に応じ，2学年間を見通して計画的に指導することとし，特に示す場合を除き，いずれかの学年に分けて，又はいずれの学年においても指導するものとする。

オ　学校において2以上の学年の児童で編制する学級について特に必要がある場合には，各教科及び道徳科の目標の達成に支障のない範囲内で，各教科及び道徳科の目標及び内容について学年別の順序によらないことができる。

カ　道徳科を要として学校の教育活動全体を通じて行う道徳教育の内容は，第3章特別の教科道徳の第2に示す内容とし，その実施に当たっては，第6に示す道徳教育に関する配慮事項を踏まえるものとする。

(2) 授業時数等の取扱い

ア　各教科等の授業は，年間35週（第1学年については34週）以上にわたって行うよう計画し，週当たりの授業時数が児童の負担過重にならないようにするものとする。ただし，各教科等や学習活動の特質に応じ効果的な場合には，夏季，冬季，学年末等の休業日の期間に授業日を設定する場合を含め，これらの授業を特定の期間に行うことができる。

イ　特別活動の授業のうち，児童会活動，クラブ活動及び学校行事については，それらの内容に応じ，年間，学期ごと，月ごとなどに適切な授業時数を充てるものとする。

ウ　各学校の時間割については，次の事項を踏まえ適切に編成するものとする。

(ｱ)　各教科等のそれぞれの授業の1単位時間は，各学校において，各教科等の年間授業時数を確保しつつ，児童の発達の段階及び各教科等や学習活動の特質を考慮して適切に定めること。

(ｲ)　各教科等の特質に応じ，10分から15分程度の短い時間を活用して特定の教科等の指導を行う場合において，教師が，単元や題材など内容や時間のまとまりを見通した中で，その指導内容の決定や指導の成果の把握と活用等を責任をもって行う体制が整備されているときは，その時間を当該教科等の年間授業時数に含めることができること。

(ｳ)　給食，休憩などの時間については，各学校において工夫を加え，適切に定めること。

(ｴ)　各学校において，児童や学校，地域の実態，各教科等や学習活動の特質等に応じて，創意工夫を生かした時間割を弾力的に編成できること。

エ　総合的な学習の時間における学習活動により，特別活動の学校行事に掲げる各行事の実施と同様の成果が期待できる場合においては，総合的な学習の時間における学習活動をもって相当する特別活動の学校行事に掲げる各行事の実施に替えることができる。

(3) 指導計画の作成等に当たっての配慮事項

各学校においては，次の事項に配慮しながら，学校の創意工夫を生かし，全体として，調和のとれた具体的な指導計画を作成するものとする。

ア　各教科等の指導内容については，(1)のアを踏まえつつ，単元や題材など内容や時間のまとまりを見通しながら，そのまとめ方や重点の置き方に適切な工夫を加え，第3の1に示す主体的・対話的で深い学びの実現に向けた授業改善を通して資質・能力を育む効果的な指導ができるようにすること。

イ　各教科等及び各学年相互間の関連を図り，系統的，発展的な指導ができるようにすること。

ウ　学年の内容を2学年まとめて示した教科及び外国語活動については，当該学年間を見通して，児童や学校，地域の実態に応じ，児童の発達の段階を考慮しつつ，効果的，段階的に指導するようにすること。

付録2

エ　児童の実態等を考慮し，指導の効果を高めるため，児童の発達の段階や指導内容の関連性等を踏まえつつ，合科的・関連的な指導を進めること。

4　学校段階等間の接続

教育課程の編成に当たっては，次の事項に配慮しながら，学校段階等間の接続を図るものとする。

(1)　幼児期の終わりまでに育ってほしい姿を踏まえた指導を工夫することにより，幼稚園教育要領等に基づく幼児期の教育を通して育まれた資質・能力を踏まえて教育活動を実施し，児童が主体的に自己を発揮しながら学びに向かうことが可能となるようにすること。

また，低学年における教育全体において，例えば生活科において育成する自立し生活を豊かにしていくための資質・能力が，他教科等の学習においても生かされるようにするなど，教科等間の関連を積極的に図り，幼児期の教育及び中学年以降の教育との円滑な接続が図られるよう工夫すること。特に，小学校入学当初においては，幼児期において自発的な活動としての遊びを通して育まれてきたことが，各教科等における学習に円滑に接続されるよう，生活科を中心に，合科的・関連的な指導や弾力的な時間割の設定など，指導の工夫や指導計画の作成を行うこと。

(2)　中学校学習指導要領及び高等学校学習指導要領を踏まえ，中学校教育及びその後の教育との円滑な接続が図られるよう工夫すること。特に，義務教育学校，中学校連携型小学校及び中学校併設型小学校においては，義務教育9年間を見通した計画的かつ継続的な教育課程を編成すること。

● 第3　教育課程の実施と学習評価

1　主体的・対話的で深い学びの実現に向けた授業改善

各教科等の指導に当たっては，次の事項に配慮するものとする。

(1)　第1の3の(1)から(3)までに示すことが偏りなく実現されるよう，単元や題材など内容や時間のまとまりを見通しながら，児童の主体的・対話的で深い学びの実現に向けた授業改善を行うこと。

特に，各教科等において身に付けた知識及び技能を活用したり，思考力，判断力，表現力等や学びに向かう力，人間性等を発揮させたりして，学習の対象となる物事を捉え思考することにより，各教科等の特質に応じた物事を捉える視点や考え方（以下「見方・考え方」という。）が鍛えられていくことに留意し，児童が各教科等の特質に応じた見方・考え方を働かせながら，知識を相互に関連付けてより深く理解したり，情報を精査して考えを形成したり，問題を見いだして解決策を考えたり，思いや考えを基に創造したりすることに向かう過程を重視した学習の充実を図ること。

(2)　第2の2の(1)に示す言語能力の育成を図るため，各学校において必要な言語環境を整えるとともに，国語科を要としつつ各教科等の特質に応じて，児童の言語活動を充実すること。あわせて，(7)に示すとおり読書活動を充実すること。

(3)　第2の2の(1)に示す情報活用能力の育成を図るため，各学校において，コンピュータや情報通信ネットワークなどの情報手段を活用するために必要な環境を整え，これらを適切に活用した学習活動の充実を図ること。また，各種の統計資料や新聞，視聴覚教材や教育機器などの教材・教具の適切な活用を図ること。

あわせて，各教科等の特質に応じて，次の学習活動を計画的に実施すること。

ア　児童がコンピュータで文字を入力するなどの学習の基盤として必要となる情報手段の基本

付録2

的な操作を習得するための学習活動

イ　児童がプログラミングを体験しながら，コンピュータに意図した処理を行わせるために必要な論理的思考力を身に付けるための学習活動

(4)　児童が学習の見通しを立てたり学習したことを振り返ったりする活動を，計画的に取り入れるように工夫すること。

(5)　児童が生命の有限性や自然の大切さ，主体的に挑戦してみることや多様な他者と協働することの重要性などを実感しながら理解することができるよう，各教科等の特質に応じた体験活動を重視し，家庭や地域社会と連携しつつ体系的・継続的に実施できるよう工夫すること。

(6)　児童が自ら学習課題や学習活動を選択する機会を設けるなど，児童の興味・関心を生かした自主的，自発的な学習が促されるよう工夫すること。

(7)　学校図書館を計画的に利用しその機能の活用を図り，児童の主体的・対話的で深い学びの実現に向けた授業改善に生かすとともに，児童の自主的，自発的な学習活動や読書活動を充実すること。また，地域の図書館や博物館，美術館，劇場，音楽堂等の施設の活用を積極的に図り，資料を活用した情報の収集や鑑賞等の学習活動を充実すること。

2　学習評価の充実

学習評価の実施に当たっては，次の事項に配慮するものとする。

(1)　児童のよい点や進歩の状況などを積極的に評価し，学習したことの意義や価値を実感できるようにすること。また，各教科等の目標の実現に向けた学習状況を把握する観点から，単元や題材など内容や時間のまとまりを見通しながら評価の場面や方法を工夫して，学習の過程や成果を評価し，指導の改善や学習意欲の向上を図り，資質・能力の育成に生かすようにすること。

(2)　創意工夫の中で学習評価の妥当性や信頼性が高められるよう，組織的かつ計画的な取組を推進するとともに，学年や学校段階を越えて児童の学習の成果が円滑に接続されるように工夫すること。

● 第4　児童の発達の支援

1　児童の発達を支える指導の充実

教育課程の編成及び実施に当たっては，次の事項に配慮するものとする。

(1)　学習や生活の基盤として，教師と児童との信頼関係及び児童相互のよりよい人間関係を育てるため，日頃から学級経営の充実を図ること。また，主に集団の場面で必要な指導や援助を行うガイダンスと，個々の児童の多様な実態を踏まえ，一人一人が抱える課題に個別に対応した指導を行うカウンセリングの双方により，児童の発達を支援すること。

あわせて，小学校の低学年，中学年，高学年の学年の時期の特長を生かした指導の工夫を行うこと。

(2)　児童が，自己の存在感を実感しながら，よりよい人間関係を形成し，有意義で充実した学校生活を送る中で，現在及び将来における自己実現を図っていくことができるよう，児童理解を深め，学習指導と関連付けながら，生徒指導の充実を図ること。

(3)　児童が，学ぶことと自己の将来とのつながりを見通しながら，社会的・職業的自立に向けて必要な基盤となる資質・能力を身に付けていくことができるよう，特別活動を要としつつ各教科等の特質に応じて，キャリア教育の充実を図ること。

(4)　児童が，基礎的・基本的な知識及び技能の習得も含め，学習内容を確実に身に付けることができるよう，児童や学校の実態に応じ，個別学習やグループ別学習，繰り返し学習，学習内容

付録2

の習熟の程度に応じた学習，児童の興味・関心等に応じた課題学習，補充的な学習や発展的な学習などの学習活動を取り入れることや，教師間の協力による指導体制を確保することなど，指導方法や指導体制の工夫改善により，個に応じた指導の充実を図ること。その際，第3の1の(3)に示す情報手段や教材・教具の活用を図ること。

2　特別な配慮を必要とする児童への指導

(1)　障害のある児童などへの指導

ア　障害のある児童などについては，特別支援学校等の助言又は援助を活用しつつ，個々の児童の障害の状態等に応じた指導内容や指導方法の工夫を組織的かつ計画的に行うものとする。

イ　特別支援学級において実施する特別の教育課程については，次のとおり編成するものとする。

(ア)　障害による学習上又は生活上の困難を克服し自立を図るため，特別支援学校小学部・中学部学習指導要領第7章に示す自立活動を取り入れること。

(イ)　児童の障害の程度や学級の実態等を考慮の上，各教科の目標や内容を下学年の教科の目標や内容に替えたり，各教科を，知的障害者である児童に対する教育を行う特別支援学校の各教科に替えたりするなどして，実態に応じた教育課程を編成すること。

ウ　障害のある児童に対して，通級による指導を行い，特別の教育課程を編成する場合には，特別支援学校小学部・中学部学習指導要領第7章に示す自立活動の内容を参考とし，具体的な目標や内容を定め，指導を行うものとする。その際，効果的な指導が行われるよう，各教科等と通級による指導との関連を図るなど，教師間の連携に努めるものとする。

エ　障害のある児童などについては，家庭，地域及び医療や福祉，保健，労働等の業務を行う関係機関との連携を図り，長期的な視点で児童への教育的支援を行うために，個別の教育支援計画を作成し活用することに努めるとともに，各教科等の指導に当たって，個々の児童の実態を的確に把握し，個別の指導計画を作成し活用することに努めるものとする。特に，特別支援学級に在籍する児童や通級による指導を受ける児童については，個々の児童の実態を的確に把握し，個別の教育支援計画や個別の指導計画を作成し，効果的に活用するものとする。

(2)　海外から帰国した児童などの学校生活への適応や，日本語の習得に困難のある児童に対する日本語指導

ア　海外から帰国した児童などについては，学校生活への適応を図るとともに，外国における生活経験を生かすなどの適切な指導を行うものとする。

イ　日本語の習得に困難のある児童については，個々の児童の実態に応じた指導内容や指導方法の工夫を組織的かつ計画的に行うものとする。特に，通級による日本語指導については，教師間の連携に努め，指導についての計画を個別に作成することなどにより，効果的な指導に努めるものとする。

(3)　不登校児童への配慮

ア　不登校児童については，保護者や関係機関と連携を図り，心理や福祉の専門家の助言又は援助を得ながら，社会的自立を目指す観点から，個々の児童の実態に応じた情報の提供その他の必要な支援を行うものとする。

イ　相当の期間小学校を欠席し引き続き欠席すると認められる児童を対象として，文部科学大臣が認める特別の教育課程を編成する場合には，児童の実態に配慮した教育課程を編成するとともに，個別学習やグループ別学習など指導方法や指導体制の工夫改善に努めるものとする。

付録2

111

● 第5　学校運営上の留意事項

1　教育課程の改善と学校評価等
　　ア　各学校においては，校長の方針の下に，校務分掌に基づき教職員が適切に役割を分担しつ
　　　つ，相互に連携しながら，各学校の特色を生かしたカリキュラム・マネジメントを行うよう
　　　努めるものとする。また，各学校が行う学校評価については，教育課程の編成，実施，改善
　　　が教育活動や学校運営の中核となることを踏まえ，カリキュラム・マネジメントと関連付け
　　　ながら実施するよう留意するものとする。
　　イ　教育課程の編成及び実施に当たっては，学校保健計画，学校安全計画，食に関する指導の
　　　全体計画，いじめの防止等のための対策に関する基本的な方針など，各分野における学校の
　　　全体計画等と関連付けながら，効果的な指導が行われるように留意するものとする。
2　家庭や地域社会との連携及び協働と学校間の連携
　　教育課程の編成及び実施に当たっては，次の事項に配慮するものとする。
　　ア　学校がその目的を達成するため，学校や地域の実態等に応じ，教育活動の実施に必要な人
　　　的又は物的な体制を家庭や地域の人々の協力を得ながら整えるなど，家庭や地域社会との連
　　　携及び協働を深めること。また，高齢者や異年齢の子供など，地域における世代を越えた交
　　　流の機会を設けること。
　　イ　他の小学校や，幼稚園，認定こども園，保育所，中学校，高等学校，特別支援学校などと
　　　の間の連携や交流を図るとともに，障害のある幼児児童生徒との交流及び共同学習の機会を
　　　設け，共に尊重し合いながら協働して生活していく態度を育むようにすること。

● 第6　道徳教育に関する配慮事項

　　道徳教育を進めるに当たっては，道徳教育の特質を踏まえ，前項までに示す事項に加え，次の
事項に配慮するものとする。
1　各学校においては，第1の2の(2)に示す道徳教育の目標を踏まえ，道徳教育の全体計画を作
　成し，校長の方針の下に，道徳教育の推進を主に担当する教師（以下「道徳教育推進教師」とい
　う。）を中心に，全教師が協力して道徳教育を展開すること。なお，道徳教育の全体計画の作成
　に当たっては，児童や学校，地域の実態を考慮して，学校の道徳教育の重点目標を設定するとと
　もに，道徳科の指導方針，第3章特別の教科道徳の第2に示す内容との関連を踏まえた各教科，
　外国語活動，総合的な学習の時間及び特別活動における指導の内容及び時期並びに家庭や地域社
　会との連携の方法を示すこと。
2　各学校においては，児童の発達の段階や特性等を踏まえ，指導内容の重点化を図ること。その
　際，各学年を通じて，自立心や自律性，生命を尊重する心や他者を思いやる心を育てることに留
　意すること。また，各学年段階においては，次の事項に留意すること。
　(1)　第1学年及び第2学年においては，挨拶などの基本的な生活習慣を身に付けること，善悪を
　　判断し，してはならないことをしないこと，社会生活上のきまりを守ること。
　(2)　第3学年及び第4学年においては，善悪を判断し，正しいと判断したことを行うこと，身近
　　な人々と協力し助け合うこと，集団や社会のきまりを守ること。
　(3)　第5学年及び第6学年においては，相手の考え方や立場を理解して支え合うこと，法やきま
　　りの意義を理解して進んで守ること，集団生活の充実に努めること，伝統と文化を尊重し，そ
　　れらを育んできた我が国と郷土を愛するとともに，他国を尊重すること。
3　学校や学級内の人間関係や環境を整えるとともに，集団宿泊活動やボランティア活動，自然体

験活動，地域の行事への参加などの豊かな体験を充実すること。また，道徳教育の指導内容が，児童の日常生活に生かされるようにすること。その際，いじめの防止や安全の確保等にも資することとなるよう留意すること。

4　学校の道徳教育の全体計画や道徳教育に関する諸活動などの情報を積極的に公表したり，道徳教育の充実のために家庭や地域の人々の積極的な参加や協力を得たりするなど，家庭や地域社会との共通理解を深め，相互の連携を図ること。

付録2

小学校学習指導要領　第2章　第5節　生活

● 第1　目　標

　具体的な活動や体験を通して，身近な生活に関わる見方・考え方を生かし，自立し生活を豊かにしていくための資質・能力を次のとおり育成することを目指す。

(1)　活動や体験の過程において，自分自身，身近な人々，社会及び自然の特徴やよさ，それらの関わり等に気付くとともに，生活上必要な習慣や技能を身に付けるようにする。

(2)　身近な人々，社会及び自然を自分との関わりで捉え，自分自身や自分の生活について考え，表現することができるようにする。

(3)　身近な人々，社会及び自然に自ら働きかけ，意欲や自信をもって学んだり生活を豊かにしたりしようとする態度を養う。

● 第2　各学年の目標及び内容

〔第1学年及び第2学年〕

1　目　標

(1)　学校，家庭及び地域の生活に関わることを通して，自分と身近な人々，社会及び自然との関わりについて考えることができ，それらのよさやすばらしさ，自分との関わりに気付き，地域に愛着をもち自然を大切にしたり，集団や社会の一員として安全で適切な行動をしたりするようにする。

(2)　身近な人々，社会及び自然と触れ合ったり関わったりすることを通して，それらを工夫したり楽しんだりすることができ，活動のよさや大切さに気付き，自分たちの遊びや生活をよりよくするようにする。

(3)　自分自身を見つめることを通して，自分の生活や成長，身近な人々の支えについて考えることができ，自分のよさや可能性に気付き，意欲と自信をもって生活するようにする。

2　内　容

　1の資質・能力を育成するため，次の内容を指導する。

〔学校，家庭及び地域の生活に関する内容〕

(1)　学校生活に関わる活動を通して，学校の施設の様子や学校生活を支えている人々や友達，通学路の様子やその安全を守っている人々などについて考えることができ，学校での生活は様々な人や施設と関わっていることが分かり，楽しく安心して遊びや生活をしたり，安全な登下校をしたりしようとする。

(2)　家庭生活に関わる活動を通して，家庭における家族のことや自分でできることなどについて考えることができ，家庭での生活は互いに支え合っていることが分かり，自分の役割を積極的に果たしたり，規則正しく健康に気を付けて生活したりしようとする。

(3)　地域に関わる活動を通して，地域の場所やそこで生活したり働いたりしている人々について考えることができ，自分たちの生活は様々な人や場所と関わっていることが分かり，それらに親しみや愛着をもち，適切に接したり安全に生活したりしようとする。

〔身近な人々，社会及び自然と関わる活動に関する内容〕

(4)　公共物や公共施設を利用する活動を通して，それらのよさを感じたり働きを捉えたりすることができ，身の回りにはみんなで使うものがあることやそれらを支えている人々がいることな

どが分かるとともに，それらを大切にし，安全に気を付けて正しく利用しようとする。

(5) 身近な自然を観察したり，季節や地域の行事に関わったりするなどの活動を通して，それらの違いや特徴を見付けることができ，自然の様子や四季の変化，季節によって生活の様子が変わることに気付くとともに，それらを取り入れ自分の生活を楽しくしようとする。

(6) 身近な自然を利用したり，身近にある物を使ったりするなどして遊ぶ活動を通して，遊びや遊びに使う物を工夫してつくることができ，その面白さや自然の不思議さに気付くとともに，みんなと楽しみながら遊びを創り出そうとする。

(7) 動物を飼ったり植物を育てたりする活動を通して，それらの育つ場所，変化や成長の様子に関心をもって働きかけることができ，それらは生命をもっていることや成長していることに気付くとともに，生き物への親しみをもち，大切にしようとする。

(8) 自分たちの生活や地域の出来事を身近な人々と伝え合う活動を通して，相手のことを想像したり伝えたいことや伝え方を選んだりすることができ，身近な人々と関わることのよさや楽しさが分かるとともに，進んで触れ合い交流しようとする。

〔自分自身の生活や成長に関する内容〕

(9) 自分自身の生活や成長を振り返る活動を通して，自分のことや支えてくれた人々について考えることができ，自分が大きくなったこと，自分でできるようになったこと，役割が増えたことなどが分かるとともに，これまでの生活や成長を支えてくれた人々に感謝の気持ちをもち，これからの成長への願いをもって，意欲的に生活しようとする。

● 第3　指導計画の作成と内容の取扱い

1　指導計画の作成に当たっては，次の事項に配慮するものとする。

(1) 年間や，単元など内容や時間のまとまりを見通して，その中で育む資質・能力の育成に向けて，児童の主体的・対話的で深い学びの実現を図るようにすること。その際，児童が具体的な活動や体験を通して，身近な生活に関わる見方・考え方を生かし，自分と地域の人々，社会及び自然との関わりが具体的に把握できるような学習活動の充実を図ることとし，校外での活動を積極的に取り入れること。

(2) 児童の発達の段階や特性を踏まえ，2学年間を見通して学習活動を設定すること。

(3) 第2の内容の(7)については，2学年間にわたって取り扱うものとし，動物や植物への関わり方が深まるよう継続的な飼育，栽培を行うようにすること。

(4) 他教科等との関連を積極的に図り，指導の効果を高め，低学年における教育全体の充実を図り，中学年以降の教育へ円滑に接続できるようにするとともに，幼稚園教育要領等に示す幼児期の終わりまでに育ってほしい姿との関連を考慮すること。特に，小学校入学当初においては，幼児期における遊びを通した総合的な学びから他教科等における学習に円滑に移行し，主体的に自己を発揮しながら，より自覚的な学びに向かうことが可能となるようにすること。その際，生活科を中心とした合科的・関連的な指導や，弾力的な時間割の設定を行うなどの工夫をすること。

(5) 障害のある児童などについては，学習活動を行う場合に生じる困難さに応じた指導内容や指導方法の工夫を計画的，組織的に行うこと。

(6) 第1章総則の第1の2の(2)に示す道徳教育の目標に基づき，道徳科などとの関連を考慮しながら，第3章特別の教科道徳の第2に示す内容について，生活科の特質に応じて適切な指導をすること。

付録3

115

2 第2の内容の取扱いについては，次の事項に配慮するものとする。

(1) 地域の人々，社会及び自然を生かすとともに，それらを一体的に扱うよう学習活動を工夫すること。

(2) 身近な人々，社会及び自然に関する活動の楽しさを味わうとともに，それらを通して気付いたことや楽しかったことなどについて，言葉，絵，動作，劇化などの多様な方法により表現し，考えることができるようにすること。また，このように表現し，考えることを通して，気付きを確かなものとしたり，気付いたことを関連付けたりすることができるよう工夫すること。

(3) 具体的な活動や体験を通して気付いたことを基に考えることができるようにするため，見付ける，比べる，たとえる，試す，見通す，工夫するなどの多様な学習活動を行うようにすること。

(4) 学習活動を行うに当たっては，コンピュータなどの情報機器について，その特質を踏まえ，児童の発達の段階や特性及び生活科の特質などに応じて適切に活用するようにすること。

(5) 具体的な活動や体験を行うに当たっては，身近な幼児や高齢者，障害のある児童生徒などの多様な人々と触れ合うことができるようにすること。

(6) 生活上必要な習慣や技能の指導については，人，社会，自然及び自分自身に関わる学習活動の展開に即して行うようにすること。

付録3

小学校学習指導要領　第3章　特別の教科　道徳

● 第1　目　標

第1章総則の第1の2の(2)に示す道徳教育の目標に基づき，よりよく生きるための基盤となる道徳性を養うため，道徳的諸価値についての理解を基に，自己を見つめ，物事を多面的・多角的に考え，自己の生き方についての考えを深める学習を通して，道徳的な判断力，心情，実践意欲と態度を育てる。

● 第2　内　容

学校の教育活動全体を通じて行う道徳教育の要である道徳科においては，以下に示す項目について扱う。

A　主として自分自身に関すること

［善悪の判断，自律，自由と責任］

〔第1学年及び第2学年〕

よいことと悪いこととの区別をし，よいと思うことを進んで行うこと。

〔第3学年及び第4学年〕

正しいと判断したことは，自信をもって行うこと。

〔第5学年及び第6学年〕

自由を大切にし，自律的に判断し，責任のある行動をすること。

［正直，誠実］

〔第1学年及び第2学年〕

うそをついたりごまかしをしたりしないで，素直に伸び伸びと生活すること。

〔第3学年及び第4学年〕

過ちは素直に改め，正直に明るい心で生活すること。

〔第5学年及び第6学年〕

誠実に，明るい心で生活すること。

［節度，節制］

〔第1学年及び第2学年〕

健康や安全に気を付け，物や金銭を大切にし，身の回りを整え，わがままをしないで，規則正しい生活をすること。

〔第3学年及び第4学年〕

自分でできることは自分でやり，安全に気を付け，よく考えて行動し，節度のある生活をすること。

〔第5学年及び第6学年〕

安全に気を付けることや，生活習慣の大切さについて理解し，自分の生活を見直し，節度を守り節制に心掛けること。

［個性の伸長］

〔第1学年及び第2学年〕

自分の特徴に気付くこと。

〔第3学年及び第4学年〕

自分の特徴に気付き，長所を伸ばすこと。

付録4

117

〔第5学年及び第6学年〕

自分の特徴を知って，短所を改め長所を伸ばすこと。

［希望と勇気，努力と強い意志］

〔第1学年及び第2学年〕

自分のやるべき勉強や仕事をしっかりと行うこと。

〔第3学年及び第4学年〕

自分でやろうと決めた目標に向かって，強い意志をもち，粘り強くやり抜くこと。

〔第5学年及び第6学年〕

より高い目標を立て，希望と勇気をもち，困難があってもくじけずに努力して物事をやり抜くこと。

［真理の探究］

〔第5学年及び第6学年〕

真理を大切にし，物事を探究しようとする心をもつこと。

B　主として人との関わりに関すること

［親切，思いやり］

〔第1学年及び第2学年〕

身近にいる人に温かい心で接し，親切にすること。

〔第3学年及び第4学年〕

相手のことを思いやり，進んで親切にすること。

〔第5学年及び第6学年〕

誰に対しても思いやりの心をもち，相手の立場に立って親切にすること。

［感謝］

〔第1学年及び第2学年〕

家族など日頃世話になっている人々に感謝すること。

〔第3学年及び第4学年〕

家族など生活を支えてくれている人々や現在の生活を築いてくれた高齢者に，尊敬と感謝の気持ちをもって接すること。

〔第5学年及び第6学年〕

日々の生活が家族や過去からの多くの人々の支え合いや助け合いで成り立っていることに感謝し，それに応えること。

［礼儀］

〔第1学年及び第2学年〕

気持ちのよい挨拶，言葉遣い，動作などに心掛けて，明るく接すること。

〔第3学年及び第4学年〕

礼儀の大切さを知り，誰に対しても真心をもって接すること。

〔第5学年及び第6学年〕

時と場をわきまえて，礼儀正しく真心をもって接すること。

［友情，信頼］

〔第1学年及び第2学年〕

友達と仲よくし，助け合うこと。

〔第3学年及び第4学年〕

友達と互いに理解し，信頼し，助け合うこと。

〔第5学年及び第6学年〕

友達と互いに信頼し，学び合って友情を深め，異性についても理解しながら，人間関係を築いていくこと。

［相互理解，寛容］

〔第3学年及び第4学年〕

自分の考えや意見を相手に伝えるとともに，相手のことを理解し，自分と異なる意見も大切にすること。

〔第5学年及び第6学年〕

自分の考えや意見を相手に伝えるとともに，謙虚な心をもち，広い心で自分と異なる意見や立場を尊重すること。

C　主として集団や社会との関わりに関すること

［規則の尊重］

〔第1学年及び第2学年〕

約束やきまりを守り，みんなが使う物を大切にすること。

〔第3学年及び第4学年〕

約束や社会のきまりの意義を理解し，それらを守ること。

〔第5学年及び第6学年〕

法やきまりの意義を理解した上で進んでそれらを守り，自他の権利を大切にし，義務を果たすこと。

［公正，公平，社会正義］

〔第1学年及び第2学年〕

自分の好き嫌いにとらわれないで接すること。

〔第3学年及び第4学年〕

誰に対しても分け隔てをせず，公正，公平な態度で接すること。

〔第5学年及び第6学年〕

誰に対しても差別をすることや偏見をもつことなく，公正，公平な態度で接し，正義の実現に努めること。

［勤労，公共の精神］

〔第1学年及び第2学年〕

働くことのよさを知り，みんなのために働くこと。

〔第3学年及び第4学年〕

働くことの大切さを知り，進んでみんなのために働くこと。

〔第5学年及び第6学年〕

働くことや社会に奉仕することの充実感を味わうとともに，その意義を理解し，公共のために役に立つことをすること。

［家族愛，家庭生活の充実］

〔第1学年及び第2学年〕

父母，祖父母を敬愛し，進んで家の手伝いなどをして，家族の役に立つこと。

〔第3学年及び第4学年〕

父母，祖父母を敬愛し，家族みんなで協力し合って楽しい家庭をつくること。

〔第5学年及び第6学年〕

父母，祖父母を敬愛し，家族の幸せを求めて，進んで役に立つことをすること。

［よりよい学校生活，集団生活の充実］

〔第1学年及び第2学年〕

付録4

先生を敬愛し，学校の人々に親しんで，学級や学校の生活を楽しくすること。

〔第3学年及び第4学年〕

先生や学校の人々を敬愛し，みんなで協力し合って楽しい学級や学校をつくること。

〔第5学年及び第6学年〕

先生や学校の人々を敬愛し，みんなで協力し合ってよりよい学級や学校をつくるとともに，様々な集団の中での自分の役割を自覚して集団生活の充実に努めること。

［伝統と文化の尊重，国や郷土を愛する態度］

〔第1学年及び第2学年〕

我が国や郷土の文化と生活に親しみ，愛着をもつこと。

〔第3学年及び第4学年〕

我が国や郷土の伝統と文化を大切にし，国や郷土を愛する心をもつこと。

〔第5学年及び第6学年〕

我が国や郷土の伝統と文化を大切にし，先人の努力を知り，国や郷土を愛する心をもつこと。

［国際理解，国際親善］

〔第1学年及び第2学年〕

他国の人々や文化に親しむこと。

〔第3学年及び第4学年〕

他国の人々や文化に親しみ，関心をもつこと。

〔第5学年及び第6学年〕

他国の人々や文化について理解し，日本人としての自覚をもって国際親善に努めること。

D　主として生命や自然，崇高なものとの関わりに関すること

［生命の尊さ］

〔第1学年及び第2学年〕

生きることのすばらしさを知り，生命を大切にすること。

〔第3学年及び第4学年〕

生命の尊さを知り，生命あるものを大切にすること。

〔第5学年及び第6学年〕

生命が多くの生命のつながりの中にあるかけがえのないものであることを理解し，生命を尊重すること。

［自然愛護］

〔第1学年及び第2学年〕

身近な自然に親しみ，動植物に優しい心で接すること。

〔第3学年及び第4学年〕

自然のすばらしさや不思議さを感じ取り，自然や動植物を大切にすること。

〔第5学年及び第6学年〕

自然の偉大さを知り，自然環境を大切にすること。

［感動，畏敬の念］

〔第1学年及び第2学年〕

美しいものに触れ，すがすがしい心をもつこと。

〔第3学年及び第4学年〕

美しいものや気高いものに感動する心をもつこと。

〔第5学年及び第6学年〕

美しいものや気高いものに感動する心や人間の力を超えたものに対する畏敬の念をもつこと。

［よりよく生きる喜び］
〔第5学年及び第6学年〕
　よりよく生きようとする人間の強さや気高さを理解し，人間として生きる喜びを感じること。

第3　指導計画の作成と内容の取扱い

1　各学校においては，道徳教育の全体計画に基づき，各教科，外国語活動，総合的な学習の時間及び特別活動との関連を考慮しながら，道徳科の年間指導計画を作成するものとする。なお，作成に当たっては，第2に示す各学年段階の内容項目について，相当する各学年において全て取り上げることとする。その際，児童や学校の実態に応じ，2学年間を見通した重点的な指導や内容項目間の関連を密にした指導，一つの内容項目を複数の時間で扱う指導を取り入れるなどの工夫を行うものとする。

2　第2の内容の指導に当たっては，次の事項に配慮するものとする。

(1)　校長や教頭などの参加，他の教師との協力的な指導などについて工夫し，道徳教育推進教師を中心とした指導体制を充実すること。

(2)　道徳科が学校の教育活動全体を通じて行う道徳教育の要としての役割を果たすことができるよう，計画的・発展的な指導を行うこと。特に，各教科，外国語活動，総合的な学習の時間及び特別活動における道徳教育としては取り扱う機会が十分でない内容項目に関わる指導を補うことや，児童や学校の実態等を踏まえて指導をより一層深めること，内容項目の相互の関連を捉え直したり発展させたりすることに留意すること。

(3)　児童が自ら道徳性を養う中で，自らを振り返って成長を実感したり，これからの課題や目標を見付けたりすることができるよう工夫すること。その際，道徳性を養うことの意義について，児童自らが考え，理解し，主体的に学習に取り組むことができるようにすること。

(4)　児童が多様な感じ方や考え方に接する中で，考えを深め，判断し，表現する力などを育むことができるよう，自分の考えを基に話し合ったり書いたりするなどの言語活動を充実すること。

(5)　児童の発達の段階や特性等を考慮し，指導のねらいに即して，問題解決的な学習，道徳的行為に関する体験的な学習等を適切に取り入れるなど，指導方法を工夫すること。その際，それらの活動を通じて学んだ内容の意義などについて考えることができるようにすること。また，特別活動等における多様な実践活動や体験活動も道徳科の授業に生かすようにすること。

(6)　児童の発達の段階や特性等を考慮し，第2に示す内容との関連を踏まえつつ，情報モラルに関する指導を充実すること。また，児童の発達の段階や特性等を考慮し，例えば，社会の持続可能な発展などの現代的な課題の取扱いにも留意し，身近な社会的課題を自分との関係において考え，それらの解決に寄与しようとする意欲や態度を育てるよう努めること。なお，多様な見方や考え方のできる事柄について，特定の見方や考え方に偏った指導を行うことのないようにすること。

(7)　道徳科の授業を公開したり，授業の実施や地域教材の開発や活用などに家庭や地域の人々，各分野の専門家等の積極的な参加や協力を得たりするなど，家庭や地域社会との共通理解を深め，相互の連携を図ること。

付録4

3　教材については，次の事項に留意するものとする。

　(1)　児童の発達の段階や特性，地域の実情等を考慮し，多様な教材の活用に努めること。特に，生命の尊厳，自然，伝統と文化，先人の伝記，スポーツ，情報化への対応等の現代的な課題などを題材とし，児童が問題意識をもって多面的・多角的に考えたり，感動を覚えたりするような充実した教材の開発や活用を行うこと。

　(2)　教材については，教育基本法や学校教育法その他の法令に従い，次の観点に照らし適切と判断されるものであること。

　　ア　児童の発達の段階に即し，ねらいを達成するのにふさわしいものであること。

　　イ　人間尊重の精神にかなうものであって，悩みや葛藤等の心の揺れ，人間関係の理解等の課題も含め，児童が深く考えることができ，人間としてよりよく生きる喜びや勇気を与えられるものであること。

　　ウ　多様な見方や考え方のできる事柄を取り扱う場合には，特定の見方や考え方に偏った取扱いがなされていないものであること。

4　児童の学習状況や道徳性に係る成長の様子を継続的に把握し，指導に生かすよう努める必要がある。ただし，数値などによる評価は行わないものとする。

付録4

付録4

「道徳の内容」の学年段階・学校段階の一覧表

	小学校第1学年及び第2学年　(19)	小学校第3学年及び第4学年　(20)
A　主として自分自身に関すること		
善悪の判断, 自律, 自由と責任	(1)　よいことと悪いこととの区別をし, よいと思うことを進んで行うこと。	(1)　正しいと判断したことは, 自信をもって行うこと。
正直, 誠実	(2)　うそをついたりごまかしをしたりしないで, 素直に伸び伸びと生活すること。	(2)　過ちは素直に改め, 正直に明るい心で生活すること。
節度, 節制	(3)　健康や安全に気を付け, 物や金銭を大切にし, 身の回りを整え, わがままをしないで, 規則正しい生活をすること。	(3)　自分でできることは自分でやり, 安全に気を付け, よく考えて行動し, 節度のある生活をすること。
個性の伸長	(4)　自分の特徴に気付くこと。	(4)　自分の特徴に気付き, 長所を伸ばすこと。
希望と勇気, 努力と強い意志	(5)　自分のやるべき勉強や仕事をしっかりと行うこと。	(5)　自分でやろうと決めた目標に向かって, 強い意志をもち, 粘り強くやり抜くこと。
真理の探究		
B　主として人との関わりに関すること		
親切, 思いやり	(6)　身近にいる人に温かい心で接し, 親切にすること。	(6)　相手のことを思いやり, 進んで親切にすること。
感謝	(7)　家族など日頃世話になっている人々に感謝すること。	(7)　家族など生活を支えてくれている人々や現在の生活を築いてくれた高齢者に, 尊敬と感謝の気持ちをもって接すること。
礼儀	(8)　気持ちのよい挨拶, 言葉遣い, 動作などに心掛けて, 明るく接すること。	(8)　礼儀の大切さを知り, 誰に対しても真心をもって接すること。
友情, 信頼	(9)　友達と仲よくし, 助け合うこと。	(9)　友達と互いに理解し, 信頼し, 助け合うこと。
相互理解, 寛容		(10)　自分の考えや意見を相手に伝えるとともに, 相手のことを理解し, 自分と異なる意見も大切にすること。
C　主として集団や社会との関わりに関すること		
規則の尊重	(10)　約束やきまりを守り, みんなが使う物を大切にすること。	(11)　約束や社会のきまりの意義を理解し, それらを守ること。
公正, 公平, 社会正義	(11)　自分の好き嫌いにとらわれないで接すること。	(12)　誰に対しても分け隔てをせず, 公正, 公平な態度で接すること。
勤労, 公共の精神	(12)　働くことのよさを知り, みんなのために働くこと。	(13)　働くことの大切さを知り, 進んでみんなのために働くこと。
家族愛, 家庭生活の充実	(13)　父母, 祖父母を敬愛し, 進んで家の手伝いなどをして, 家族の役に立つこと。	(14)　父母, 祖父母を敬愛し, 家族みんなで協力し合って楽しい家庭をつくること。
よりよい学校生活, 集団生活の充実	(14)　先生を敬愛し, 学校の人々に親しんで, 学級や学校の生活を楽しくすること。	(15)　先生や学校の人々を敬愛し, みんなで協力し合って楽しい学級や学校をつくること。
伝統と文化の尊重, 国や郷土を愛する態度	(15)　我が国や郷土の文化と生活に親しみ, 愛着をもつこと。	(16)　我が国や郷土の伝統と文化を大切にし, 国や郷土を愛する心をもつこと。
国際理解, 国際親善	(16)　他国の人々や文化に親しむこと。	(17)　他国の人々や文化に親しみ, 関心をもつこと。
D　主として生命や自然, 崇高なものとの関わりに関すること		
生命の尊さ	(17)　生きることのすばらしさを知り, 生命を大切にすること。	(18)　生命の尊さを知り, 生命あるものを大切にすること。
自然愛護	(18)　身近な自然に親しみ, 動植物に優しい心で接すること。	(19)　自然のすばらしさや不思議さを感じ取り, 自然や動植物を大切にすること。
感動, 畏敬の念	(19)　美しいものに触れ, すがすがしい心をもつこと。	(20)　美しいものや気高いものに感動する心をもつこと。
よりよく生きる喜び		

付録5

小学校第5学年及び第6学年 (22)	中学校 (22)	
(1) 自由を大切にし，自律的に判断し，責任のある行動をすること。 (2) 誠実に，明るい心で生活すること。	(1) 自律の精神を重んじ，自主的に考え，判断し，誠実に実行してその結果に責任をもつこと。	自主，自律，自由と責任
(3) 安全に気を付けることや，生活習慣の大切さについて理解し，自分の生活を見直し，節度を守り節制に心掛けること。	(2) 望ましい生活習慣を身に付け，心身の健康の増進を図り，節度を守り節制に心掛け，安全で調和のある生活をすること。	節度，節制
(4) 自分の特徴を知って，短所を改め長所を伸ばすこと。	(3) 自己を見つめ，自己の向上を図るとともに，個性を伸ばして充実した生き方を追求すること。	向上心，個性の伸長
(5) より高い目標を立て，希望と勇気をもち，困難があってもくじけずに努力して物事をやり抜くこと。	(4) より高い目標を設定し，その達成を目指し，希望と勇気をもち，困難や失敗を乗り越えて着実にやり遂げること。	希望と勇気，克己と強い意志
(6) 真理を大切にし，物事を探究しようとする心をもつこと。	(5) 真実を大切にし，真理を探究して新しいものを生み出そうと努めること。	真理の探究，創造
(7) 誰に対しても思いやりの心をもち，相手の立場に立って親切にすること。 (8) 日々の生活が家族や過去からの多くの人々の支え合いや助け合いで成り立っていることに感謝し，それに応えること。	(6) 思いやりの心をもって人と接するとともに，家族などの支えや多くの人々の善意により日々の生活や現在の自分があることに感謝し，進んでそれに応え，人間愛の精神を深めること。	思いやり，感謝
(9) 時と場をわきまえて，礼儀正しく真心をもって接すること。	(7) 礼儀の意義を理解し，時と場に応じた適切な言動をとること。	礼儀
(10) 友達と互いに信頼し，学び合って友情を深め，異性についても理解しながら，人間関係を築いていくこと。	(8) 友情の尊さを理解して心から信頼できる友達をもち，互いに励まし合い，高め合うとともに，異性についての理解を深め，悩みや葛藤も経験しながら人間関係を深めていくこと。	友情，信頼
(11) 自分の考えや意見を相手に伝えるとともに，謙虚な心をもち，広い心で自分と異なる意見や立場を尊重すること。	(9) 自分の考えや意見を相手に伝えるとともに，それぞれの個性や立場を尊重し，いろいろなものの見方や考え方があることを理解し，寛容の心をもって謙虚に他に学び，自らを高めていくこと。	相互理解，寛容
(12) 法やきまりの意義を理解した上で進んでそれらを守り，自他の権利を大切にし，義務を果たすこと。	(10) 法やきまりの意義を理解し，それらを進んで守るとともに，そのよりよい在り方について考え，自他の権利を大切にし，義務を果たして，規律ある安定した社会の実現に努めること。	遵法精神，公徳心
(13) 誰に対しても差別をすることや偏見をもつことなく，公正，公平な態度で接し，正義の実現に努めること。	(11) 正義と公正さを重んじ，誰に対しても公平に接し，差別や偏見のない社会の実現に努めること。	公正，公平，社会正義
(14) 働くことや社会に奉仕することの充実感を味わうとともに，その意義を理解し，公共のために役に立つことをすること。	(12) 社会参画の意識と社会連帯の自覚を高め，公共の精神をもってよりよい社会の実現に努めること。	社会参画，公共の精神
	(13) 勤労の尊さや意義を理解し，将来の生き方について考えを深め，勤労を通じて社会に貢献すること。	勤労
(15) 父母，祖父母を敬愛し，家族の幸せを求めて，進んで役に立つことをすること。	(14) 父母，祖父母を敬愛し，家族の一員としての自覚をもって充実した家庭生活を築くこと。	家族愛，家庭生活の充実
(16) 先生や学校の人々を敬愛し，みんなで協力し合ってよりよい学級や学校をつくるとともに，様々な集団の中での自分の役割を自覚して集団生活の充実に努めること。	(15) 教師や学校の人々を敬愛し，学級や学校の一員としての自覚をもち，協力し合ってよりよい校風をつくるとともに，様々な集団の意義や集団の中での自分の役割と責任を自覚して集団生活の充実に努めること。	よりよい学校生活，集団生活の充実
(17) 我が国や郷土の伝統と文化を大切にし，先人の努力を知り，国や郷土を愛する心をもつこと。	(16) 郷土の伝統と文化を大切にし，社会に尽くした先人や高齢者に尊敬の念を深め，地域社会の一員としての自覚をもって郷土を愛し，進んで郷土の発展に努めること。	郷土の伝統と文化の尊重，郷土を愛する態度
	(17) 優れた伝統の継承と新しい文化の創造に貢献するとともに，日本人としての自覚をもって国を愛し，国家及び社会の形成者として，その発展に努めること。	我が国の伝統と文化の尊重，国を愛する態度
(18) 他国の人々や文化について理解し，日本人としての自覚をもって国際親善に努めること。	(18) 世界の中の日本人としての自覚をもち，他国を尊重し，国際的視野に立って，世界の平和と人類の発展に寄与すること。	国際理解，国際貢献
(19) 生命が多くの生命のつながりの中にあるかけがえのないものであることを理解し，生命を尊重すること。	(19) 生命の尊さについて，その連続性や有限性なども含めて理解し，かけがえのない生命を尊重すること。	生命の尊さ
(20) 自然の偉大さを知り，自然環境を大切にすること。	(20) 自然の崇高さを知り，自然環境を大切にすることの意義を理解し，進んで自然の愛護に努めること。	自然愛護
(21) 美しいものや気高いものに感動する心や人間の力を超えたものに対する畏敬の念をもつこと。	(21) 美しいものや気高いものに感動する心をもち，人間の力を超えたものに対する畏敬の念を深めること。	感動，畏敬の念
(22) よりよく生きようとする人間の強さや気高さを理解し，人間として生きる喜びを感じること。	(22) 人間には自らの弱さや醜さを克服する強さや気高く生きようとする心があることを理解し，人間として生きることに喜びを見いだすこと。	よりよく生きる喜び

付録5

幼稚園教育要領

　教育は，教育基本法第1条に定めるとおり，人格の完成を目指し，平和で民主的な国家及び社会の形成者として必要な資質を備えた心身ともに健康な国民の育成を期すという目的のもと，同法第2条に掲げる次の目標を達成するよう行われなければならない。

1　幅広い知識と教養を身に付け，真理を求める態度を養い，豊かな情操と道徳心を培うとともに，健やかな身体を養うこと。

2　個人の価値を尊重して，その能力を伸ばし，創造性を培い，自主及び自律の精神を養うとともに，職業及び生活との関連を重視し，勤労を重んずる態度を養うこと。

3　正義と責任，男女の平等，自他の敬愛と協力を重んずるとともに，公共の精神に基づき，主体的に社会の形成に参画し，その発展に寄与する態度を養うこと。

4　生命を尊び，自然を大切にし，環境の保全に寄与する態度を養うこと。

5　伝統と文化を尊重し，それらをはぐくんできた我が国と郷土を愛するとともに，他国を尊重し，国際社会の平和と発展に寄与する態度を養うこと。

　また，幼児期の教育については，同法第11条に掲げるとおり，生涯にわたる人格形成の基礎を培う重要なものであることにかんがみ，国及び地方公共団体は，幼児の健やかな成長に資する良好な環境の整備その他適当な方法によって，その振興に努めなければならないこととされている。

　これからの幼稚園には，学校教育の始まりとして，こうした教育の目的及び目標の達成を目指しつつ，一人一人の幼児が，将来，自分のよさや可能性を認識するとともに，あらゆる他者を価値のある存在として尊重し，多様な人々と協働しながら様々な社会的変化を乗り越え，豊かな人生を切り拓き，持続可能な社会の創り手となることができるようにするための基礎を培うことが求められる。このために必要な教育の在り方を具体化するのが，各幼稚園において教育の内容等を組織的かつ計画的に組み立てた教育課程である。

　教育課程を通して，これからの時代に求められる教育を実現していくためには，よりよい学校教育を通してよりよい社会を創るという理念を学校と社会とが共有し，それぞれの幼稚園において，幼児期にふさわしい生活をどのように展開し，どのような資質・能力を育むようにするのかを教育課程において明確にしながら，社会との連携及び協働によりその実現を図っていくという，社会に開かれた教育課程の実現が重要となる。

　幼稚園教育要領とは，こうした理念の実現に向けて必要となる教育課程の基準を大綱的に定めるものである。幼稚園教育要領が果たす役割の一つは，公の性質を有する幼稚園における教育水準を全国的に確保することである。また，各幼稚園がその特色を生かして創意工夫を重ね，長年にわたり積み重ねられてきた教育実践や学術研究の蓄積を生かしながら，幼児や地域の現状や課題を捉え，家庭や地域社会と協力して，幼稚園教育要領を踏まえた教育活動の更なる充実を図っていくことも重要である。

　幼児の自発的な活動としての遊びを生み出すために必要な環境を整え，一人一人の資質・能力を育んでいくことは，教職員をはじめとする幼稚園関係者はもとより，家庭や地域の人々も含め，様々な立場から幼児や幼稚園に関わる全ての大人に期待される役割である。家庭との緊密な連携の下，小学校以降の教育や生涯にわたる学習とのつながりを見通しながら，幼児の自発的な活動としての遊びを通しての総合的な指導をする際に広く活用されるものとなることを期待して，ここに幼稚園教育要領を定める。

付録6

● 第1章 総則

第1 幼稚園教育の基本

　幼児期の教育は，生涯にわたる人格形成の基礎を培う重要なものであり，幼稚園教育は，学校教育法に規定する目的及び目標を達成するため，幼児期の特性を踏まえ，環境を通して行うものであることを基本とする。

　このため教師は，幼児との信頼関係を十分に築き，幼児が身近な環境に主体的に関わり，環境との関わり方や意味に気付き，これらを取り込もうとして，試行錯誤したり，考えたりするようになる幼児期の教育における見方・考え方を生かし，幼児と共によりよい教育環境を創造するように努めるものとする。これらを踏まえ，次に示す事項を重視して教育を行わなければならない。

1　幼児は安定した情緒の下で自己を十分に発揮することにより発達に必要な体験を得ていくものであることを考慮して，幼児の主体的な活動を促し，幼児期にふさわしい生活が展開されるようにすること。

2　幼児の自発的な活動としての遊びは，心身の調和のとれた発達の基礎を培う重要な学習であることを考慮して，遊びを通しての指導を中心として第2章に示すねらいが総合的に達成されるようにすること。

3　幼児の発達は，心身の諸側面が相互に関連し合い，多様な経過をたどって成し遂げられていくものであること，また，幼児の生活経験がそれぞれ異なることなどを考慮して，幼児一人一人の特性に応じ，発達の課題に即した指導を行うようにすること。

　その際，教師は，幼児の主体的な活動が確保されるよう幼児一人一人の行動の理解と予想に基づき，計画的に環境を構成しなければならない。この場合において，教師は，幼児と人やものとの関わりが重要であることを踏まえ，教材を工夫し，物的・空間的環境を構成しなければならない。また，幼児一人一人の活動の場面に応じて，様々な役割を果たし，その活動を豊かにしなければならない。

第2 幼稚園教育において育みたい資質・能力及び「幼児期の終わりまでに育ってほしい姿」

1　幼稚園においては，生きる力の基礎を育むため，この章の第1に示す幼稚園教育の基本を踏まえ，次に掲げる資質・能力を一体的に育むよう努めるものとする。

(1)　豊かな体験を通じて，感じたり，気付いたり，分かったり，できるようになったりする「知識及び技能の基礎」

(2)　気付いたことや，できるようになったことなどを使い，考えたり，試したり，工夫したり，表現したりする「思考力，判断力，表現力等の基礎」

(3)　心情，意欲，態度が育つ中で，よりよい生活を営もうとする「学びに向かう力，人間性等」

2　1に示す資質・能力は，第2章に示すねらい及び内容に基づく活動全体によって育むものである。

3　次に示す「幼児期の終わりまでに育ってほしい姿」は，第2章に示すねらい及び内容に基づく活動全体を通して資質・能力が育まれている幼児の幼稚園修了時の具体的な姿であり，教師が指導を行う際に考慮するものである。

(1)　健康な心と体

　　幼稚園生活の中で，充実感をもって自分のやりたいことに向かって心と体を十分に働かせ，見通しをもって行動し，自ら健康で安全な生活をつくり出すようになる。

(2)　自立心

　　身近な環境に主体的に関わり様々な活動を楽しむ中で，しなければならないことを自覚し，

付録6

自分の力で行うために考えたり，工夫したりしながら，諦めずにやり遂げることで達成感を味わい，自信をもって行動するようになる。

(3) 協同性

友達と関わる中で，互いの思いや考えなどを共有し，共通の目的の実現に向けて，考えたり，工夫したり，協力したりし，充実感をもってやり遂げるようになる。

(4) 道徳性・規範意識の芽生え

友達と様々な体験を重ねる中で，してよいことや悪いことが分かり，自分の行動を振り返ったり，友達の気持ちに共感したりし，相手の立場に立って行動するようになる。また，きまりを守る必要性が分かり，自分の気持ちを調整し，友達と折り合いを付けながら，きまりをつくったり，守ったりするようになる。

(5) 社会生活との関わり

家族を大切にしようとする気持ちをもつとともに，地域の身近な人と触れ合う中で，人との様々な関わり方に気付き，相手の気持ちを考えて関わり，自分が役に立つ喜びを感じ，地域に親しみをもつようになる。また，幼稚園内外の様々な環境に関わる中で，遊びや生活に必要な情報を取り入れ，情報に基づき判断したり，情報を伝え合ったり，活用したりするなど，情報を役立てながら活動するようになるとともに，公共の施設を大切に利用するなどして，社会とのつながりなどを意識するようになる。

(6) 思考力の芽生え

身近な事象に積極的に関わる中で，物の性質や仕組みなどを感じ取ったり，気付いたりし，考えたり，予想したり，工夫したりするなど，多様な関わりを楽しむようになる。また，友達の様々な考えに触れる中で，自分と異なる考えがあることに気付き，自ら判断したり，考え直したりするなど，新しい考えを生み出す喜びを味わいながら，自分の考えをよりよいものにするようになる。

(7) 自然との関わり・生命尊重

自然に触れて感動する体験を通して，自然の変化などを感じ取り，好奇心や探究心をもって考え言葉などで表現しながら，身近な事象への関心が高まるとともに，自然への愛情や畏敬の念をもつようになる。また，身近な動植物に心を動かされる中で，生命の不思議さや尊さに気付き，身近な動植物への接し方を考え，命あるものとしていたわり，大切にする気持ちをもって関わるようになる。

(8) 数量や図形，標識や文字などへの関心・感覚

遊びや生活の中で，数量や図形，標識や文字などに親しむ体験を重ねたり，標識や文字の役割に気付いたりし，自らの必要感に基づきこれらを活用し，興味や関心，感覚をもつようになる。

(9) 言葉による伝え合い

先生や友達と心を通わせる中で，絵本や物語などに親しみながら，豊かな言葉や表現を身に付け，経験したことや考えたことなどを言葉で伝えたり，相手の話を注意して聞いたりし，言葉による伝え合いを楽しむようになる。

(10) 豊かな感性と表現

心を動かす出来事などに触れ感性を働かせる中で，様々な素材の特徴や表現の仕方などに気付き，感じたことや考えたことを自分で表現したり，友達同士で表現する過程を楽しんだりし，表現する喜びを味わい，意欲をもつようになる。

付録6

第3　教育課程の役割と編成等

1　教育課程の役割

　　各幼稚園においては，教育基本法及び学校教育法その他の法令並びにこの幼稚園教育要領の示すところに従い，創意工夫を生かし，幼児の心身の発達と幼稚園及び地域の実態に即応した適切な教育課程を編成するものとする。

　　また，各幼稚園においては，6に示す全体的な計画にも留意しながら，「幼児期の終わりまでに育ってほしい姿」を踏まえ教育課程を編成すること，教育課程の実施状況を評価してその改善を図っていくこと，教育課程の実施に必要な人的又は物的な体制を確保するとともにその改善を図っていくことなどを通して，教育課程に基づき組織的かつ計画的に各幼稚園の教育活動の質の向上を図っていくこと（以下「カリキュラム・マネジメント」という。）に努めるものとする。

2　各幼稚園の教育目標と教育課程の編成

　　教育課程の編成に当たっては，幼稚園教育において育みたい資質・能力を踏まえつつ，各幼稚園の教育目標を明確にするとともに，教育課程の編成についての基本的な方針が家庭や地域とも共有されるよう努めるものとする。

3　教育課程の編成上の基本的事項

(1)　幼稚園生活の全体を通して第2章に示すねらいが総合的に達成されるよう，教育課程に係る教育期間や幼児の生活経験や発達の過程などを考慮して具体的なねらいと内容を組織するものとする。この場合においては，特に，自我が芽生え，他者の存在を意識し，自己を抑制しようとする気持ちが生まれる幼児期の発達の特性を踏まえ，入園から修了に至るまでの長期的な視野をもって充実した生活が展開できるように配慮するものとする。

(2)　幼稚園の毎学年の教育課程に係る教育週数は，特別の事情のある場合を除き，39週を下ってはならない。

(3)　幼稚園の1日の教育課程に係る教育時間は，4時間を標準とする。ただし，幼児の心身の発達の程度や季節などに適切に配慮するものとする。

4　教育課程の編成上の留意事項

　　教育課程の編成に当たっては，次の事項に留意するものとする。

(1)　幼児の生活は，入園当初の一人一人の遊びや教師との触れ合いを通して幼稚園生活に親しみ，安定していく時期から，他の幼児との関わりの中で幼児の主体的な活動が深まり，幼児が互いに必要な存在であることを認識するようになり，やがて幼児同士や学級全体で目的をもって協同して幼稚園生活を展開し，深めていく時期などに至るまでの過程を様々に経ながら広げられていくものであることを考慮し，活動がそれぞれの時期にふさわしく展開されるようにすること。

(2)　入園当初，特に，3歳児の入園については，家庭との連携を緊密にし，生活のリズムや安全面に十分配慮すること。また，満3歳児については，学年の途中から入園することを考慮し，幼児が安心して幼稚園生活を過ごすことができるよう配慮すること。

(3)　幼稚園生活が幼児にとって安全なものとなるよう，教職員による協力体制の下，幼児の主体的な活動を大切にしつつ，園庭や園舎などの環境の配慮や指導の工夫を行うこと。

5　小学校教育との接続に当たっての留意事項

(1)　幼稚園においては，幼稚園教育が，小学校以降の生活や学習の基盤の育成につながることに配慮し，幼児期にふさわしい生活を通して，創造的な思考や主体的な生活態度などの基礎を培うようにするものとする。

(2)　幼稚園教育において育まれた資質・能力を踏まえ，小学校教育が円滑に行われるよう，小学校の教師との意見交換や合同の研究の機会などを設け，「幼児期の終わりまでに育ってほしい

付録6

姿」を共有するなど連携を図り，幼稚園教育と小学校教育との円滑な接続を図るよう努めるものとする。

6　全体的な計画の作成

　　各幼稚園においては，教育課程を中心に，第3章に示す教育課程に係る教育時間の終了後等に行う教育活動の計画，学校保健計画，学校安全計画などとを関連させ，一体的に教育活動が展開されるよう全体的な計画を作成するものとする。

第4　指導計画の作成と幼児理解に基づいた評価

1　指導計画の考え方

　　幼稚園教育は，幼児が自ら意欲をもって環境と関わることによりつくり出される具体的な活動を通して，その目標の達成を図るものである。

　　幼稚園においてはこのことを踏まえ，幼児期にふさわしい生活が展開され，適切な指導が行われるよう，それぞれの幼稚園の教育課程に基づき，調和のとれた組織的，発展的な指導計画を作成し，幼児の活動に沿った柔軟な指導を行わなければならない。

2　指導計画の作成上の基本的事項

(1)　指導計画は，幼児の発達に即して一人一人の幼児が幼児期にふさわしい生活を展開し，必要な体験を得られるようにするために，具体的に作成するものとする。

(2)　指導計画の作成に当たっては，次に示すところにより，具体的なねらい及び内容を明確に設定し，適切な環境を構成することなどにより活動が選択・展開されるようにするものとする。

　ア　具体的なねらい及び内容は，幼稚園生活における幼児の発達の過程を見通し，幼児の生活の連続性，季節の変化などを考慮して，幼児の興味や関心，発達の実情などに応じて設定すること。

　イ　環境は，具体的なねらいを達成するために適切なものとなるように構成し，幼児が自らその環境に関わることにより様々な活動を展開しつつ必要な体験を得られるようにすること。その際，幼児の生活する姿や発想を大切にし，常にその環境が適切なものとなるようにすること。

　ウ　幼児の行う具体的な活動は，生活の流れの中で様々に変化するものであることに留意し，幼児が望ましい方向に向かって自ら活動を展開していくことができるよう必要な援助をすること。

　　その際，幼児の実態及び幼児を取り巻く状況の変化などに即して指導の過程についての評価を適切に行い，常に指導計画の改善を図るものとする。

3　指導計画の作成上の留意事項

　　指導計画の作成に当たっては，次の事項に留意するものとする。

(1)　長期的に発達を見通した年，学期，月などにわたる長期の指導計画やこれとの関連を保ちながらより具体的な幼児の生活に即した週，日などの短期の指導計画を作成し，適切な指導が行われるようにすること。特に，週，日などの短期の指導計画については，幼児の生活のリズムに配慮し，幼児の意識や興味の連続性のある活動が相互に関連して幼稚園生活の自然な流れの中に組み込まれるようにすること。

(2)　幼児が様々な人やものとの関わりを通して，多様な体験をし，心身の調和のとれた発達を促すようにしていくこと。その際，幼児の発達に即して主体的・対話的で深い学びが実現するようにするとともに，心を動かされる体験が次の活動を生み出すことを考慮し，一つ一つの体験が相互に結び付き，幼稚園生活が充実するようにすること。

付録6

(3) 言語に関する能力の発達と思考力等の発達が関連していることを踏まえ，幼稚園生活全体を通して，幼児の発達を踏まえた言語環境を整え，言語活動の充実を図ること。

(4) 幼児が次の活動への期待や意欲をもつことができるよう，幼児の実態を踏まえながら，教師や他の幼児と共に遊びや生活の中で見通しをもったり，振り返ったりするよう工夫すること。

(5) 行事の指導に当たっては，幼稚園生活の自然の流れの中で生活に変化や潤いを与え，幼児が主体的に楽しく活動できるようにすること。なお，それぞれの行事についてはその教育的価値を十分検討し，適切なものを精選し，幼児の負担にならないようにすること。

(6) 幼児期は直接的な体験が重要であることを踏まえ，視聴覚教材やコンピュータなど情報機器を活用する際には，幼稚園生活では得難い体験を補完するなど，幼児の体験との関連を考慮すること。

(7) 幼児の主体的な活動を促すためには，教師が多様な関わりをもつことが重要であることを踏まえ，教師は，理解者，共同作業者など様々な役割を果たし，幼児の発達に必要な豊かな体験が得られるよう，活動の場面に応じて，適切な指導を行うようにすること。

(8) 幼児の行う活動は，個人，グループ，学級全体などで多様に展開されるものであることを踏まえ，幼稚園全体の教師による協力体制を作りながら，一人一人の幼児が興味や欲求を十分に満足させるよう適切な援助を行うようにすること。

4 幼児理解に基づいた評価の実施

幼児一人一人の発達の理解に基づいた評価の実施に当たっては，次の事項に配慮するものとする。

(1) 指導の過程を振り返りながら幼児の理解を進め，幼児一人一人のよさや可能性などを把握し，指導の改善に生かすようにすること。その際，他の幼児との比較や一定の基準に対する達成度についての評定によって捉えるものではないことに留意すること。

(2) 評価の妥当性や信頼性が高められるよう創意工夫を行い，組織的かつ計画的な取組を推進するとともに，次年度又は小学校等にその内容が適切に引き継がれるようにすること。

第5 特別な配慮を必要とする幼児への指導

1 障害のある幼児などへの指導

障害のある幼児などへの指導に当たっては，集団の中で生活することを通して全体的な発達を促していくことに配慮し，特別支援学校などの助言又は援助を活用しつつ，個々の幼児の障害の状態などに応じた指導内容や指導方法の工夫を組織的かつ計画的に行うものとする。また，家庭，地域及び医療や福祉，保健等の業務を行う関係機関との連携を図り，長期的な視点で幼児への教育的支援を行うために，個別の教育支援計画を作成し活用することに努めるとともに，個々の幼児の実態を的確に把握し，個別の指導計画を作成し活用することに努めるものとする。

2 海外から帰国した幼児や生活に必要な日本語の習得に困難のある幼児の幼稚園生活への適応

海外から帰国した幼児や生活に必要な日本語の習得に困難のある幼児については，安心して自己を発揮できるよう配慮するなど個々の幼児の実態に応じ，指導内容や指導方法の工夫を組織的かつ計画的に行うものとする。

第6 幼稚園運営上の留意事項

1 各幼稚園においては，園長の方針の下に，園務分掌に基づき教職員が適切に役割を分担しつつ，相互に連携しながら，教育課程や指導の改善を図るものとする。また，各幼稚園が行う学校評価については，教育課程の編成，実施，改善が教育活動や幼稚園運営の中核となることを踏まえ，カリキュラム・マネジメントと関連付けながら実施するよう留意するものとする。

付録6

2 幼児の生活は，家庭を基盤として地域社会を通じて次第に広がりをもつものであることに留意し，家庭との連携を十分に図るなど，幼稚園における生活が家庭や地域社会と連続性を保ちつつ展開されるようにするものとする。その際，地域の自然，高齢者や異年齢の子供などを含む人材，行事や公共施設などの地域の資源を積極的に活用し，幼児が豊かな生活体験を得られるように工夫するものとする。また，家庭との連携に当たっては，保護者との情報交換の機会を設けたり，保護者と幼児との活動の機会を設けたりなどすることを通じて，保護者の幼児期の教育に関する理解が深まるよう配慮するものとする。

3 地域や幼稚園の実態等により，幼稚園間に加え，保育所，幼保連携型認定こども園，小学校，中学校，高等学校及び特別支援学校などとの間の連携や交流を図るものとする。特に，幼稚園教育と小学校教育の円滑な接続のため，幼稚園の幼児と小学校の児童との交流の機会を積極的に設けるようにするものとする。また，障害のある幼児児童生徒との交流及び共同学習の機会を設け，共に尊重し合いながら協働して生活していく態度を育むよう努めるものとする。

第7　教育課程に係る教育時間終了後等に行う教育活動など

幼稚園は，第3章に示す教育課程に係る教育時間の終了後等に行う教育活動について，学校教育法に規定する目的及び目標並びにこの章の第1に示す幼稚園教育の基本を踏まえ実施するものとする。また，幼稚園の目的の達成に資するため，幼児の生活全体が豊かなものとなるよう家庭や地域における幼児期の教育の支援に努めるものとする。

付録6

● 第2章　ねらい及び内容

　この章に示すねらいは，幼稚園教育において育みたい資質・能力を幼児の生活する姿から捉えたものであり，内容は，ねらいを達成するために指導する事項である。各領域は，これらを幼児の発達の側面から，心身の健康に関する領域「健康」，人との関わりに関する領域「人間関係」，身近な環境との関わりに関する領域「環境」，言葉の獲得に関する領域「言葉」及び感性と表現に関する領域「表現」としてまとめ，示したものである。内容の取扱いは，幼児の発達を踏まえた指導を行うに当たって留意すべき事項である。

　各領域に示すねらいは，幼稚園における生活の全体を通じ，幼児が様々な体験を積み重ねる中で相互に関連をもちながら次第に達成に向かうものであること，内容は，幼児が環境に関わって展開する具体的な活動を通して総合的に指導されるものであることに留意しなければならない。

　また，「幼児期の終わりまでに育ってほしい姿」が，ねらい及び内容に基づく活動全体を通して資質・能力が育まれている幼児の幼稚園修了時の具体的な姿であることを踏まえ，指導を行う際に考慮するものとする。

　なお，特に必要な場合には，各領域に示すねらいの趣旨に基づいて適切な，具体的な内容を工夫し，それを加えても差し支えないが，その場合には，それが第1章の第1に示す幼稚園教育の基本を逸脱しないよう慎重に配慮する必要がある。

健　康
〔健康な心と体を育て，自ら健康で安全な生活をつくり出す力を養う。〕

1　ねらい

(1)　明るく伸び伸びと行動し，充実感を味わう。

(2)　自分の体を十分に動かし，進んで運動しようとする。

(3)　健康，安全な生活に必要な習慣や態度を身に付け，見通しをもって行動する。

2　内　容

(1)　先生や友達と触れ合い，安定感をもって行動する。

(2)　いろいろな遊びの中で十分に体を動かす。

(3)　進んで戸外で遊ぶ。

(4)　様々な活動に親しみ，楽しんで取り組む。

(5)　先生や友達と食べることを楽しみ，食べ物への興味や関心をもつ。

(6)　健康な生活のリズムを身に付ける。

(7)　身の回りを清潔にし，衣服の着脱，食事，排泄などの生活に必要な活動を自分でする。

(8)　幼稚園における生活の仕方を知り，自分たちで生活の場を整えながら見通しをもって行動する。

(9)　自分の健康に関心をもち，病気の予防などに必要な活動を進んで行う。

(10)　危険な場所，危険な遊び方，災害時などの行動の仕方が分かり，安全に気を付けて行動する。

3　内容の取扱い

　上記の取扱いに当たっては，次の事項に留意する必要がある。

(1)　心と体の健康は，相互に密接な関連があるものであることを踏まえ，幼児が教師や他の幼児との温かい触れ合いの中で自己の存在感や充実感を味わうことなどを基盤として，しなやかな心と体の発達を促すこと。特に，十分に体を動かす気持ちよさを体験し，自ら体を動かそうとする意欲が育つようにすること。

(2)　様々な遊びの中で，幼児が興味や関心，能力に応じて全身を使って活動することにより，体を

付録6

動かす楽しさを味わい，自分の体を大切にしようとする気持ちが育つようにすること。その際，多様な動きを経験する中で，体の動きを調整するようにすること。

(3) 自然の中で伸び伸びと体を動かして遊ぶことにより，体の諸機能の発達が促されることに留意し，幼児の興味や関心が戸外にも向くようにすること。その際，幼児の動線に配慮した園庭や遊具の配置などを工夫すること。

(4) 健康な心と体を育てるためには食育を通じた望ましい食習慣の形成が大切であることを踏まえ，幼児の食生活の実情に配慮し，和やかな雰囲気の中で教師や他の幼児と食べる喜びや楽しさを味わったり，様々な食べ物への興味や関心をもったりするなどし，食の大切さに気付き，進んで食べようとする気持ちが育つようにすること。

(5) 基本的な生活習慣の形成に当たっては，家庭での生活経験に配慮し，幼児の自立心を育て，幼児が他の幼児と関わりながら主体的な活動を展開する中で，生活に必要な習慣を身に付け，次第に見通しをもって行動できるようにすること。

(6) 安全に関する指導に当たっては，情緒の安定を図り，遊びを通して安全についての構えを身に付け，危険な場所や事物などが分かり，安全についての理解を深めるようにすること。また，交通安全の習慣を身に付けるようにするとともに，避難訓練などを通して，災害などの緊急時に適切な行動がとれるようにすること。

人間関係
〔他の人々と親しみ，支え合って生活するために，自立心を育て，人と関わる力を養う。〕

1 ねらい
(1) 幼稚園生活を楽しみ，自分の力で行動することの充実感を味わう。
(2) 身近な人と親しみ，関わりを深め，工夫したり，協力したりして一緒に活動する楽しさを味わい，愛情や信頼感をもつ。
(3) 社会生活における望ましい習慣や態度を身に付ける。

2 内 容
(1) 先生や友達と共に過ごすことの喜びを味わう。
(2) 自分で考え，自分で行動する。
(3) 自分でできることは自分でする。
(4) いろいろな遊びを楽しみながら物事をやり遂げようとする気持ちをもつ。
(5) 友達と積極的に関わりながら喜びや悲しみを共感し合う。
(6) 自分の思ったことを相手に伝え，相手の思っていることに気付く。
(7) 友達のよさに気付き，一緒に活動する楽しさを味わう。
(8) 友達と楽しく活動する中で，共通の目的を見いだし，工夫したり，協力したりなどする。
(9) よいことや悪いことがあることに気付き，考えながら行動する。
(10) 友達との関わりを深め，思いやりをもつ。
(11) 友達と楽しく生活する中できまりの大切さに気付き，守ろうとする。
(12) 共同の遊具や用具を大切にし，皆で使う。
(13) 高齢者をはじめ地域の人々などの自分の生活に関係の深いいろいろな人に親しみをもつ。

3 内容の取扱い
上記の取扱いに当たっては，次の事項に留意する必要がある。
(1) 教師との信頼関係に支えられて自分自身の生活を確立していくことが人と関わる基盤となることを考慮し，幼児が自ら周囲に働き掛けることにより多様な感情を体験し，試行錯誤しながら諦めずにやり遂げることの達成感や，前向きな見通しをもって自分の力で行うことの充実感を味わ

付録6

134

うことができるよう，幼児の行動を見守りながら適切な援助を行うようにすること。

(2) 一人一人を生かした集団を形成しながら人と関わる力を育てていくようにすること。その際，集団の生活の中で，幼児が自己を発揮し，教師や他の幼児に認められる体験をし，自分のよさや特徴に気付き，自信をもって行動できるようにすること。

(3) 幼児が互いに関わりを深め，協同して遊ぶようになるため，自ら行動する力を育てるようにするとともに，他の幼児と試行錯誤しながら活動を展開する楽しさや共通の目的が実現する喜びを味わうことができるようにすること。

(4) 道徳性の芽生えを培うに当たっては，基本的な生活習慣の形成を図るとともに，幼児が他の幼児との関わりの中で他人の存在に気付き，相手を尊重する気持ちをもって行動できるようにし，また，自然や身近な動植物に親しむことなどを通して豊かな心情が育つようにすること。特に，人に対する信頼感や思いやりの気持ちは，葛藤やつまずきをも体験し，それらを乗り越えることにより次第に芽生えてくることに配慮すること。

(5) 集団の生活を通して，幼児が人との関わりを深め，規範意識の芽生えが培われることを考慮し，幼児が教師との信頼関係に支えられて自己を発揮する中で，互いに思いを主張し，折り合いを付ける体験をし，きまりの必要性などに気付き，自分の気持ちを調整する力が育つようにすること。

(6) 高齢者をはじめ地域の人々などの自分の生活に関係の深いいろいろな人と触れ合い，自分の感情や意志を表現しながら共に楽しみ，共感し合う体験を通して，これらの人々などに親しみをもち，人と関わることの楽しさや人の役に立つ喜びを味わうことができるようにすること。また，生活を通して親や祖父母などの家族の愛情に気付き，家族を大切にしようとする気持ちが育つようにすること。

環　境
[周囲の様々な環境に好奇心や探究心をもって関わり，それらを生活に取り入れていこうとする力を養う。]

1　ねらい
(1) 身近な環境に親しみ，自然と触れ合う中で様々な事象に興味や関心をもつ。
(2) 身近な環境に自分から関わり，発見を楽しんだり，考えたりし，それを生活に取り入れようとする。
(3) 身近な事象を見たり，考えたり，扱ったりする中で，物の性質や数量，文字などに対する感覚を豊かにする。

2　内　容
(1) 自然に触れて生活し，その大きさ，美しさ，不思議さなどに気付く。
(2) 生活の中で，様々な物に触れ，その性質や仕組みに興味や関心をもつ。
(3) 季節により自然や人間の生活に変化のあることに気付く。
(4) 自然などの身近な事象に関心をもち，取り入れて遊ぶ。
(5) 身近な動植物に親しみをもって接し，生命の尊さに気付き，いたわったり，大切にしたりする。
(6) 日常生活の中で，我が国や地域社会における様々な文化や伝統に親しむ。
(7) 身近な物を大切にする。
(8) 身近な物や遊具に興味をもって関わり，自分なりに比べたり，関連付けたりしながら考えたり，試したりして工夫して遊ぶ。
(9) 日常生活の中で数量や図形などに関心をもつ。

付録6

(10) 日常生活の中で簡単な標識や文字などに関心をもつ。

(11) 生活に関係の深い情報や施設などに興味や関心をもつ。

(12) 幼稚園内外の行事において国旗に親しむ。

3　内容の取扱い

上記の取扱いに当たっては，次の事項に留意する必要がある。

(1)　幼児が，遊びの中で周囲の環境と関わり，次第に周囲の世界に好奇心を抱き，その意味や操作の仕方に関心をもち，物事の法則性に気付き，自分なりに考えることができるようになる過程を大切にすること。また，他の幼児の考えなどに触れて新しい考えを生み出す喜びや楽しさを味わい，自分の考えをよりよいものにしようとする気持ちが育つようにすること。

(2)　幼児期において自然のもつ意味は大きく，自然の大きさ，美しさ，不思議さなどに直接触れる体験を通して，幼児の心が安らぎ，豊かな感情，好奇心，思考力，表現力の基礎が培われることを踏まえ，幼児が自然との関わりを深めることができるよう工夫すること。

(3)　身近な事象や動植物に対する感動を伝え合い，共感し合うことなどを通して自分から関わろうとする意欲を育てるとともに，様々な関わり方を通してそれらに対する親しみや畏敬の念，生命を大切にする気持ち，公共心，探究心などが養われるようにすること。

(4)　文化や伝統に親しむ際には，正月や節句など我が国の伝統的な行事，国歌，唱歌，わらべうたや我が国の伝統的な遊びに親しんだり，異なる文化に触れる活動に親しんだりすることを通じて，社会とのつながりの意識や国際理解の意識の芽生えなどが養われるようにすること。

(5)　数量や文字などに関しては，日常生活の中で幼児自身の必要感に基づく体験を大切にし，数量や文字などに関する興味や関心，感覚が養われるようにすること。

言　葉

┌ 経験したことや考えたことなどを自分なりの言葉で表現し，相手の話す言葉を聞こうとする意欲
└ や態度を育て，言葉に対する感覚や言葉で表現する力を養う。

1　ねらい

(1)　自分の気持ちを言葉で表現する楽しさを味わう。

(2)　人の言葉や話などをよく聞き，自分の経験したことや考えたことを話し，伝え合う喜びを味わう。

(3)　日常生活に必要な言葉が分かるようになるとともに，絵本や物語などに親しみ，言葉に対する感覚を豊かにし，先生や友達と心を通わせる。

2　内　容

(1)　先生や友達の言葉や話に興味や関心をもち，親しみをもって聞いたり，話したりする。

(2)　したり，見たり，聞いたり，感じたり，考えたりなどしたことを自分なりに言葉で表現する。

(3)　したいこと，してほしいことを言葉で表現したり，分からないことを尋ねたりする。

(4)　人の話を注意して聞き，相手に分かるように話す。

(5)　生活の中で必要な言葉が分かり，使う。

(6)　親しみをもって日常の挨拶をする。

(7)　生活の中で言葉の楽しさや美しさに気付く。

(8)　いろいろな体験を通じてイメージや言葉を豊かにする。

(9)　絵本や物語などに親しみ，興味をもって聞き，想像をする楽しさを味わう。

(10)　日常生活の中で，文字などで伝える楽しさを味わう。

付録6

3 内容の取扱い

上記の取扱いに当たっては，次の事項に留意する必要がある。

(1) 言葉は，身近な人に親しみをもって接し，自分の感情や意志などを伝え，それに相手が応答し，その言葉を聞くことを通して次第に獲得されていくものであることを考慮して，幼児が教師や他の幼児と関わることにより心を動かされるような体験をし，言葉を交わす喜びを味わえるようにすること。

(2) 幼児が自分の思いを言葉で伝えるとともに，教師や他の幼児などの話を興味をもって注意して聞くことを通して次第に話を理解するようになっていき，言葉による伝え合いができるようにすること。

(3) 絵本や物語などで，その内容と自分の経験とを結び付けたり，想像を巡らせたりするなど，楽しみを十分に味わうことによって，次第に豊かなイメージをもち，言葉に対する感覚が養われるようにすること。

(4) 幼児が生活の中で，言葉の響きやリズム，新しい言葉や表現などに触れ，これらを使う楽しさを味わえるようにすること。その際，絵本や物語に親しんだり，言葉遊びなどをしたりすることを通して，言葉が豊かになるようにすること。

(5) 幼児が日常生活の中で，文字などを使いながら思ったことや考えたことを伝える喜びや楽しさを味わい，文字に対する興味や関心をもつようにすること。

表現

感じたことや考えたことを自分なりに表現することを通して，豊かな感性や表現する力を養い，創造性を豊かにする。

1 ねらい

(1) いろいろなものの美しさなどに対する豊かな感性をもつ。

(2) 感じたことや考えたことを自分なりに表現して楽しむ。

(3) 生活の中でイメージを豊かにし，様々な表現を楽しむ。

2 内容

(1) 生活の中で様々な音，形，色，手触り，動きなどに気付いたり，感じたりするなどして楽しむ。

(2) 生活の中で美しいものや心を動かす出来事に触れ，イメージを豊かにする。

(3) 様々な出来事の中で，感動したことを伝え合う楽しさを味わう。

(4) 感じたこと，考えたことなどを音や動きなどで表現したり，自由にかいたり，つくったりなどする。

(5) いろいろな素材に親しみ，工夫して遊ぶ。

(6) 音楽に親しみ，歌を歌ったり，簡単なリズム楽器を使ったりなどする楽しさを味わう。

(7) かいたり，つくったりすることを楽しみ，遊びに使ったり，飾ったりなどする。

(8) 自分のイメージを動きや言葉などで表現したり，演じて遊んだりするなどの楽しさを味わう。

3 内容の取扱い

上記の取扱いに当たっては，次の事項に留意する必要がある。

(1) 豊かな感性は，身近な環境と十分に関わる中で美しいもの，優れたもの，心を動かす出来事などに出会い，そこから得た感動を他の幼児や教師と共有し，様々に表現することなどを通して養われるようにすること。その際，風の音や雨の音，身近にある草や花の形や色など自然の中にある音，形，色などに気付くようにすること。

(2) 幼児の自己表現は素朴な形で行われることが多いので，教師はそのような表現を受容し，幼児

付録6

自身の表現しようとする意欲を受け止めて，幼児が生活の中で幼児らしい様々な表現を楽しむことができるようにすること。

(3) 生活経験や発達に応じ，自ら様々な表現を楽しみ，表現する意欲を十分に発揮させることができるように，遊具や用具などを整えたり，様々な素材や表現の仕方に親しんだり，他の幼児の表現に触れられるよう配慮したりし，表現する過程を大切にして自己表現を楽しめるように工夫すること。

付録6

● 第3章　教育課程に係る教育時間終了後等に行う教育活動などの溜意事項

1　地域の実態や保護者の要請により，教育課程に係る教育時間の終了後等に希望する者を対象に行う教育活動については，幼児の心身の負担に配慮するものとする。また，次の点にも留意するものとする。

(1)　教育課程に基づく活動を考慮し，幼児期にふさわしい無理のないものとなるようにすること。その際，教育課程に基づく活動を担当する教師と緊密な連携を図るようにすること。

(2)　家庭や地域での幼児の生活も考慮し，教育課程に係る教育時間の終了後等に行う教育活動の計画を作成するようにすること。その際，地域の人々と連携するなど，地域の様々な資源を活用しつつ，多様な体験ができるようにすること。

(3)　家庭との緊密な連携を図るようにすること。その際，情報交換の機会を設けたりするなど，保護者が，幼稚園と共に幼児を育てるという意識が高まるようにすること。

(4)　地域の実態や保護者の事情とともに幼児の生活のリズムを踏まえつつ，例えば実施日数や時間などについて，弾力的な運用に配慮すること。

(5)　適切な責任体制と指導体制を整備した上で行うようにすること。

2　幼稚園の運営に当たっては，子育ての支援のために保護者や地域の人々に機能や施設を開放して，園内体制の整備や関係機関との連携及び協力に配慮しつつ，幼児期の教育に関する相談に応じたり，情報を提供したり，幼児と保護者との登園を受け入れたり，保護者同士の交流の機会を提供したりするなど，幼稚園と家庭が一体となって幼児と関わる取組を進め，地域における幼児期の教育のセンターとしての役割を果たすよう努めるものとする。その際，心理や保健の専門家，地域の子育て経験者等と連携・協働しながら取り組むよう配慮するものとする。

付録6

学習指導要領等の改善に係る検討に必要な専門的作業等協力者（五十音順）

（職名は平成 29 年 6 月現在）

朝 倉 　 淳	広島大学大学院教授
今 西 和 子	高知県高知市教育委員会学校教育課教育課程担当副参事
大 谷 敦 司	山形県天童市立天童南部小学校長
桶 田 ゆかり	東京都文京区立第一幼稚園長
鹿 毛 雅 治	慶応義塾大学教授
金 指 由香里	元愛知県岡崎市立小豆坂小学校長
久 野 弘 幸	名古屋大学大学院准教授
久 利 知 光	香川県教育委員会主任指導主事
小 林 辰 至	上越教育大学大学院教授
齋 藤 博 伸	埼玉大学教育学部附属小学校副校長
齊 藤 　 純	東京都大田区立松仙小学校長
武 田 文 子	大分県佐伯市立鶴岡小学校指導教諭
古 島 そのえ	神奈川県藤沢市立鵠南小学校教頭
寶 來 生志子	神奈川県横浜市立池上小学校長
前 田 一 男	立教大学教授
三 松 里 江	公益財団法人博報児童教育振興会プログラムオフィサー
米 持 武 彦	大分県教育庁義務教育課長

なお，文部科学省においては，次の者が本書の編集に当たった。

合 田 哲 雄	初等中等教育局教育課程課長
田 村 　 学	國學院大學教授（前初等中等教育局視学官）
小 野 賢 志	初等中等教育局教育課程課主任学校教育官
渋 谷 一 典	初等中等教育局教育課程課教科調査官

小学校学習指導要領（平成 29 年告示）解説
生活編　　　　　　　　MEXT 1-1707

平成 30 年 2 月 28 日	初版発行
令和 6 年 9 月 6 日	4 版発行
著作権所有	文部科学省

発　行　者　　　　　東京都北区堀船 2 丁目17-1
　　　　　　　　　　東 京 書 籍 株 式 会 社
　　　　　　　　　　代表者　　渡辺能理夫

印　刷　者　　　　　東京都北区堀船 1 丁目28-1
　　　　　　　　　　株式会社リーブ ルテック

発　行　所　　　　　東京都北区堀船 2 丁目17-1
　　　　　　　　　　東 京 書 籍 株 式 会 社
　　　　　　　　　　電　話　　03－5390－7247

定価 201円（本体 183円＋税 10%）